JN037523

2024年度版

個人情報保護
オフィサー・

銀行コース・
生命保険コース

試験問題集

一般社団法人 金融財政事情研究会

◇ ご利用にあたっての注意点 ◇

　本問題集は、金融業務能力検定「個人情報保護オフィサー・銀行コース」ならびに「個人情報保護オフィサー・生命保険コース」に対応しています。両検定は、CBT（Computer Based Testing）方式で実施されます。試験範囲は、銀行コースが、「第1章　個人情報保護制度の概要」「第2章　取扱いの基本ルール」「第3章　社内管理体制、漏えい対応等」「第4章　銀行業務と個人情報保護」となります。また、生命保険コースは、「第1章　個人情報保護制度の概要」「第2章　取扱いの基本ルール」「第3章　社内管理体制、漏えい対応等」「第5章　生命保険業務と個人情報保護」となります。第1章〜第3章の範囲については、両コース共通の問題が出題され、第4章の「銀行業務と個人情報保護」、第5章の「生命保険業務と個人情報保護」で各コース独自の問題が出題されます。

　受験されるコースに従って、第1章〜第3章の共通範囲と、「第4章　銀行業務と個人情報保護」または「第5章　生命保険業務と個人情報保護」の問題を解き進められることをお勧めいたします。

◇ は じ め に ◇

　本書は、一般社団法人金融財政事情研究会が実施する金融業務能力検定「個人情報保護オフィサー・銀行コース・生命保険コース」（CBT方式、通年実施）を受験される方の学習の利便を図るためにまとめた試験問題集です。

　個人情報保護法では、顧客の個人情報の取得・管理等を行う際には、金融機関に「個人情報取扱事業者」としての義務が課されています。「運転免許証をコピーするときに、注意することは？」「この名簿業者から個人情報を購入しても大丈夫？」など、個人情報の取得から利用まで個人情報保護法等の法令にのっとった取扱いが必要です。2020年には、いわゆる3年ごと見直しに基づき、個人情報保護法の大きな改正がありました。

　本検定試験は、今後、現場で個人情報保護オフィサーとして必要とされる知識・能力習得の検証を目的としています。本書とあわせて、基本教材である通信教育講座「Q&A個人情報保護がよくわかる講座」（一般社団法人金融財政事情研究会）で効率よく勉強していただき、個人情報保護オフィサーとして必要とされる知識・能力がどのくらい習得できたかを検証するために、本検定試験をご活用ください。

　本検定試験に合格され、「個人情報保護オフィサー」としてご活躍されることを期待しています。

2024年3月

一般社団法人　金融財政事情研究会

検定センター

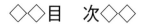

◇◇目　次◇◇

第３章　社内管理体制、漏えい対応等

第4章　銀行業務と個人情報保護

第 5 章　生命保険業務と個人情報保護

──〈法令基準日〉──

本書は、問題文に特に指示のない限り、2024年4月1日（基準日）現在施行の法令等に基づいて編集しています。

◇ **CBTとは**◇

　CBT（Computer Based Testing）とは、コンピュータを使用して実施する試験の総称で、パソコンに表示された試験問題にマウスやキーボードを使って解答します。金融業務能力検定は、一般社団法人金融財政事情研究会が、株式会社シー・ビー・ティ・ソリューションズの試験システムを利用して実施する試験です。CBTは、受験日時・テストセンター（受験会場）を受験者自らが指定できるとともに、試験終了後、その場で試験結果（合否）を知ることができるなどの特長があります。

本書に訂正等がある場合には、下記ウェブサイトに掲載いたします。
https://www.kinzai.jp/seigo/

─〈凡 例〉─

- 委員会ガイドライン（外国第三者提供編）…個人情報の保護に関する法律についてのガイドライン（外国にある第三者への提供編）
- 委員会ガイドライン（確認記録義務編）…個人情報の保護に関する法律についてのガイドライン（第三者提供時の確認・記録義務編）
- 委員会ガイドライン（仮名加工情報・匿名加工情報編）…個人情報の保護に関する法律についてのガイドライン(仮名加工情報・匿名加工情報編)
- 委員会ガイドライン（通則編）…個人情報の保護に関する法律についてのガイドライン（通則編）
- 委員会ガイドライン（認定個人情報保護団体編）…個人情報の保護に関する法律についてのガイドライン（認定個人情報保護団体編）
- 委員会Q＆A…「個人情報の保護に関する法律についてのガイドライン」及び「個人データの漏えい等の事案が発生した場合等の対応について」に関するQ&A
- 金融分野ガイドライン…金融分野における個人情報保護に関するガイドライン
- 金融分野Q＆A…金融機関における個人情報保護に関するQ＆A
- 金融分野実務指針…金融分野における個人情報保護に関するガイドラインの安全管理措置等についての実務指針
- 個人情報保護法…個人情報の保護に関する法律
- 個人情報保護法施行令…個人情報の保護に関する法律施行令
- 個人情報保護法施行規則…個人情報の保護に関する法律施行規則
- 番号法…行政手続における特定の個人を識別するための番号の利用等に関する法律
- 番号法ガイドラインQ＆A…「特定個人情報の適正な取扱いに関するガイドライン（事業者編）」及び「（別冊）金融業務における特定個人情報の適正な取扱いに関するガイドライン」に関するQ＆A
- 番号法ガイドライン（金融業務編）…（別冊）金融業務における特定個人情報の適正な取扱いに関するガイドライン
- 番号法施行令…行政手続における特定の個人を識別するための番号の利用等に関する法律施行令
- 犯罪収益移転防止法…犯罪による収益の移転防止に関する法律

「個人情報保護オフィサー・銀行コース」試験概要

　　個人情報保護法遵守に必要とされる知識・判断力および日常業務に必要とされる個人情報取扱いルールの理解度を多角的に問う問題により、個人情報保護オフィサーとして求められる法令等の知識の習得度、実務への対応力を検証します。

■受験日・受験予約	通年実施。受験者ご自身が予約した日時・テストセンター（https://cbt-s.com/examinee/testcenter/）で受験していただきます。
■試験の対象者	本部専担者、営業店等の管理者および一般職員 ※受験資格は特にありません
■試験の範囲	1．個人情報保護制度の概要 2．取扱いの基本ルール 3．社内管理体制、漏えい対応等 4．銀行業務と個人情報保護
■試験時間	100分　試験開始前に操作方法等の案内があります。
■出題形式	四答択一式50問
■合格基準	100点満点で70点以上
■受験手数料（税込）	5,500円
■法令基準日	問題文に特に指示のない限り、2024年4月1日現在施行の法令等に基づくものとします。
■合格発表	試験終了後、その場で合否に係るスコアレポートが手交されます。合格者は、試験日の翌日以降、「個人情報保護オフィサー」の認定証をマイページからPDF形式で出力できます。
■持込み品	携帯電話、筆記用具、計算機、参考書および六法等を含め、自席（パソコンブース）への私物の持込みは認められていません。テストセンターに設置されている鍵付きのロッカー等に保管していただきます。メモ用紙・筆記用具はテストセンターで貸し出されます。計算問題については、試験画面上に表示される電卓を利用することができます。
■受験教材	・本書 ・通信教育講座「Q＆A個人情報保護がよくわかる講座〈銀行コース〉」（一般社団法人金融財政事情研究会）
■受験申込の変更・キャンセル	受験申込の変更・キャンセルは、受験日の3日前までマイページより行うことができます。受験日の2日前からは、受験申込の変更・キャンセルはいっさいできません。

■受験可能期間　　　　　受験可能期間は、受験申込日の3日後から当初受験申込日
　　　　　　　　　　　の1年後までとなります。受験可能期間中に受験（または
　　　　　　　　　　　キャンセル）しないと、欠席となります。

※金融業務能力検定・サステナビリティ検定の最新情報は、一般社団法人金融財政事情研究
　会のWebサイト（https://www.kinzai.or.jp/kentei/news-kentei）でご確認ください。

「個人情報保護オフィサー・生命保険コース」試験概要

　個人情報保護法遵守に必要とされる知識・判断力および日常業務に必要とされる個人情報取扱いルールの理解度を多角的に問う問題により、個人情報保護オフィサーとして求められる法令等の知識の習得度、実務への対応力を検証します。

■受験日・受験予約　　　通年実施。受験者ご自身が予約した日時・テストセンター（https://cbt-s.com/examinee/testcenter/）で受験していただきます。

■試験の対象者　　　　　本部専担者、支社・代理店等の管理者および一般職員
　　　　　　　　　　　　※受験資格は特にありません

■試験の範囲　　　　　　１．個人情報保護制度の概要
　　　　　　　　　　　　２．取扱いの基本ルール
　　　　　　　　　　　　３．社内管理体制、漏えい対応等
　　　　　　　　　　　　４．生命保険業務と個人情報保護

■試験時間　　　　　　　100分　試験開始前に操作方法等の案内があります。

■出題形式　　　　　　　四答択一式50問

■合格基準　　　　　　　100点満点で70点以上

■受験手数料（税込）　　5,500円

■法令基準日　　　　　　問題文に特に指示のない限り、2024年4月1日現在施行の法令等に基づくものとします。

■合格発表　　　　　　　試験終了後、その場で合否に係るスコアレポートが手交されます。合格者は、試験日の翌日以降、「個人情報保護オフィサー」の認定証をマイページからPDF形式で出力できます。

■持込み品　　　　　　　携帯電話、筆記用具、計算機、参考書および六法等を含め、自席（パソコンブース）への私物の持込みは認められていません。テストセンターに設置されている鍵付きのロッカー等に保管していただきます。メモ用紙・筆記用具はテストセンターで貸し出されます。計算問題については、試験画面上に表示される電卓を利用することができます。

■受験教材　　　　　　　・本書
　　　　　　　　　　　　・通信教育講座「Ｑ＆Ａ個人情報保護がよくわかる講座〈生命保険コース〉」（一般社団法人金融財政事情研究会）

■受験申込の変更・　　　受験申込の変更・キャンセルは、受験日の3日前までマイ
　キャンセル　　　　　　ページより行うことができます。受験日の2日前からは、受験申込の変更・キャンセルはいっさいできません。

■受験可能期間　　　　　受験可能期間は、受験申込日の3日後から当初受験申込日
　　　　　　　　　　　の1年後までとなります。受験可能期間中に受験（または
　　　　　　　　　　　キャンセル）しないと、欠席となります。

※金融業務能力検定・サステナビリティ検定の最新情報は、一般社団法人金融財政事情研究
　会のWebサイト（https://www.kinzai.or.jp/kentei/news-kentei）でご確認ください。

個人情報保護制度の概要

（注）第1章～第3章における問題中のX社は、金融分野
ガイドラインが適用される個人情報取扱事業者とする。

1−1　個人情報保護法の立法（改正）目的・意義①

《問》個人情報保護法の立法（改正）目的・意義に関する次の記述のうち、最も適切なものはどれか。

1）国は、個人情報保護法の趣旨にのっとり、個人情報の適正な取扱いを確保するために必要な施策を総合的に策定し、およびこれを実施する責務を有すると明文化されている。
2）個人情報保護法の目的は、個人の権利利益を保護することであり、個人情報の有用性には配慮すべきでないと明文化されている。
3）個人情報保護法の目的の1つとして、個人のプライバシー権の保護が明文化されている。
4）個人情報保護法の目的の1つとして、自己情報コントロール権の保護が明文化されている。

・解説と解答・

1）適切である。個人情報保護法4条において、国の責務について「国は、この法律の趣旨にのっとり、（中略）事業者等による個人情報の適正な取扱いを確保するために必要な施策を総合的に策定し、及びこれを実施する責務を有する」と定められている。
2）不適切である。個人情報保護法1条の目的規定において、「個人情報の適正かつ効果的な活用が新たな産業の創出並びに活力ある経済社会及び豊かな国民生活の実現に資するものであることその他の個人情報の有用性に配慮しつつ、個人の権利利益を保護することを目的とする」と有用性への配慮について明文化されている。
3）不適切である。個人情報保護法1条の目的規定や同法の他の条項には、プライバシー権の保護について、明文化されていない。
4）不適切である。個人情報保護法1条の目的規定や同法の他の条項には、自己情報コントロール権の保護について、明文化されていない。

<u>正解　1）</u>

1−2　個人情報保護法の立法（改正）目的・意義②

《問》個人情報保護法の立法（改正）目的・意義に関する次の記述のうち、最も不適切なものはどれか。

1）国および地方公共団体は、個人情報の保護に関する施策を講ずるにつき、相協力するものとされている。
2）地方公共団体は、個人情報保護法の趣旨にのっとり、個人情報の適正な取扱いを確保するために必要な施策を策定し、およびこれを実施する責務を有している。
3）欧州連合（EU）では、2018年にEU加盟国に同一の効力を有し、EUデータ保護指令よりも個人データやプライバシーの保護を厳格に規定したEU一般データ保護規則（GDPR）が施行された。
4）アジア太平洋経済協力（APEC）では、「APEC プライバシー・フレームワーク」およびその適合性認証制度である「越境プライバシールールシステム」（CBPR）が導入されているが、日本は同制度を導入していない。

・解説と解答・

1）適切である（個人情報保護法15条）。
2）適切である。「地方公共団体は、この法律の趣旨にのっとり、国の施策との整合性に配慮しつつ、その地方公共団体の区域の特性に応じて、地方公共団体の機関、地方独立行政法人及び当該区域内の事業者等による個人情報の適正な取扱いを確保するために必要な施策を策定し、及びこれを実施する責務を有する」（個人情報保護法5条）。
3）適切である。欧州連合（EU）では、EUデータ保護指令に基づきEU加盟国が個人データ保護に関する法制度を整備してきたが、EU加盟国ごとに定めていた個人情報保護に関する規制を統一するものとして、EU一般データ保護規則（GDPR）を制定し、2018年5月に施行した。GDPRはEUデータ保護指令よりも個人データやプライバシー保護の規定の厳格化が図られている。
4）不適切である。日本もこの枠組みに参加しており、一般財団法人日本情報経済社会推進協会がCBPRの認証機関として認定されている。

<u>正解　4）</u>

1－3　個人情報の定義①

《問》個人情報の定義に関する次の記述のうち、最も適切なものはどれか。

1）氏名を含む情報であっても、暗号化等によって秘匿化されている情報は、「個人に関する情報」に該当しない。

2）個人の身体、財産、肩書等の属性に関する評価や判断を表す情報は、「個人に関する情報」に該当しない。

3）個人情報保護法は、情報主体のプライバシー保護を目的とすることから、電話帳や登記簿の記載情報など、プライバシーとはいえない公開された情報は、「個人情報」に該当しない。

4）情報取得時に生存する特定の個人を識別することができなかったとしても、取得後、新たな情報が付加され、または照合された結果、生存する特定の個人を識別できる場合は、その時点で「個人情報」に該当する。

・解説と解答・

1）不適切である。「個人に関する情報」とは、「氏名、住所、性別、生年月日、顔画像等個人を識別する情報に限られず、ある個人の身体、財産、職種、肩書等の属性に関して、事実、判断、評価を表す全ての情報であり、評価情報、公刊物等によって公にされている情報や、映像、音声による情報も含まれ、暗号化等によって秘匿化されているかどうかを問わない」（個人情報保護法2条1項、委員会ガイドライン（通則編）2－1）。

2）不適切である。1の解説参照。

3）不適切である。官報、電話帳、職員録、有価証券報告書等の法定開示書類、新聞、ホームページ、SNS等で公開・公表されている特定の個人を識別できる情報であっても、個人情報保護法における「個人情報」の要件を満たせば個人情報に該当する（委員会ガイドライン（通則編）2－1事例7））。

4）適切である。情報取得時に生存する特定の個人を識別することができなかったとしても、取得後、新たな情報が付加され、または照合された結果、生存する特定の個人を識別できる場合は、その時点で個人情報に該当する（委員会ガイドライン（通則編）2－1事例6））。

正解　4）

1−4　個人情報の定義②

《問》個人情報の定義に関する次の記述のうち、最も不適切なものはどれか。

1) 氏名、生年月日その他の記述等により特定の個人を識別することができ、かつ、それが生存する個人に関する情報であっても、民間の新聞に公表された場合は、個人情報に該当しない。

2) 個人に関する指紋や顔、目の虹彩、掌紋等を利用した特定の個人を識別する認証データは、個人識別符号とされ、個人情報に該当する。

3) 住宅ローンの残高のみが記載され、その他氏名等の記載がなく、第三者から見て個人を特定できない場合であっても、顧客番号が記されている場合など、住宅ローンを実行している金融機関において自らの顧客データベースと容易に照合ができ、特定の個人を識別することが可能であるならば、個人情報に該当する。

4) 個人情報であるためには、生存する個人に関する情報でなければならないが、死者に関する情報であっても、同時に遺族等の生存する個人に関する情報になる場合は、当該生存する個人に関する個人情報に該当する。

・解説と解答・

1) 不適切である。新聞等で公表されている情報であっても、生存する個人に関する情報であって、当該情報に含まれる氏名、生年月日その他の記述等により特定の個人を識別することができるものは個人情報となる（委員会ガイドライン（通則編）2−1事例7）)。

2) 適切である（個人情報保護法2条1項2号、同法施行令1条1号）。

3) 適切である。住宅ローン残高のみが記載された情報は基本的に個人情報に該当しないと考えられるが、事業者において他の情報と容易に照合が可能であり、それにより特定の個人が識別可能な情報は個人情報に該当する（金融分野Q＆A問Ⅱ−2）。

4) 適切である（委員会ガイドライン（通則編）2−1（※2))。

<u>正解　1)</u>

1－5　個人情報の定義③

《問》個人情報の定義に関する次の記述のうち、最も適切なものはどれか。

1）法人や団体そのものに関する情報は個人情報に該当しないが、法人の役員、従業員など個人に関する情報は当該役員、従業員の個人情報に該当する。

2）防犯カメラに記録された情報等の映像情報は、本人が判別できる情報であっても、個人情報に該当しない。

3）個人情報は、特定の個人を直接識別することができる情報に限られ、他の情報と容易に照合することができ、それにより特定の個人を識別することができる情報は含まれない。

4）個人情報保護法における個人情報とは、生存する個人に関する情報であって、当該情報に含まれる氏名、生年月日その他の記述等により特定の個人を識別することができるものに限られ、指紋または掌紋といった個人識別符号は、個人情報に該当しない。

・解説と解答・

1）適切である（委員会ガイドライン（通則編）2－1（※3））。

2）不適切である。個人情報に該当する事例として挙げられている（委員会ガイドライン（通則編）2－1事例3））。

3）不適切である。他の情報と容易に照合することができ、それにより特定の個人を識別することができる情報は、個人情報とされている（個人情報保護法2条1項1号）。

4）不適切である。個人情報保護法における個人情報とは、生存する個人に関する情報であって、次の各号のいずれかに該当するものとされ（同法2条1項）、同項2号で個人識別符号が含まれると定めている。指紋または掌紋は、同法2条2項および同法施行令1条1号トにより個人識別符号に該当するとされていることから、個人情報に該当する。

正解　1）

1－6　個人情報の定義④

《問》個人情報の定義に関する次の記述のうち、最も適切なものはどれか。

1）個人情報は、個人の事実に関する情報を前提としていることから、個人に関する評価情報は、個人情報に該当しない。
2）個人情報は、原則として可視できることを前提としていることから、本人の氏名が含まれる等の理由により、特定の個人を識別できる音声録音情報であっても、個人情報に該当しない。
3）法人その他の団体は「個人」に該当しないため、登記事項証明書に記載されている法人の商号・名称は、個人情報に該当しない。
4）個人情報保護法および委員会ガイドラインは、日本国民を対象としていることから、個人情報保護法上の「個人」に外国籍の者は含まれない。

・解説と解答・

1）不適切である。個人情報保護法は、「生存する個人に関する情報」（同法2条1項）を前提としているが、生存する個人の事実に関する情報と限定しているわけではなく、個人に関する評価情報も個人情報に含まれる（委員会ガイドライン（通則編）2-1）。
2）不適切である。個人情報に該当する事例として挙げられている（委員会ガイドライン（通則編）2-1事例4））。
3）適切である。法人その他の団体は「個人」に該当しないため、法人等の団体そのものに関する情報は、個人情報に該当しない（委員会ガイドライン（通則編）2-1（※3））。
4）不適切である。「個人」は日本国民に限らず、外国籍の者も含まれる（委員会ガイドライン（通則編）2-1（※3））。

正解　3）

1－7　個人データと個人情報データベース等の定義等

《問》個人情報取扱事業者が取得した個人情報に関する次の記述のうち、最も不適切なものはどれか。

1）入力用の帳票等に記載されている個人情報は、個人情報データベース等を構成する前の段階では、個人データに該当しない。
2）コンピュータ等を用いていない場合であっても、紙面で処理した個人情報を一定の規則に従って整理、分類し、特定の個人情報を容易に検索できるよう、目次、索引、符号等を付し、他人によっても容易に検索可能な状態に置いているものは、個人情報データベース等に該当し、個々の個人情報は個人データに該当する。
3）個人情報データベース等から紙面に出力されたものやそのコピーに印字された個人情報は、データベース化されていないので、個人データとしての個人情報保護法による規制対象とはならない。
4）市販の住宅地図やカーナビゲーションシステムを構成する個人情報は、個人データに該当しない。

・解説と解答・

1）適切である。個人データとは、個人情報取扱事業者が管理する「個人情報データベース等」を構成する個人情報をいう（委員会ガイドライン（通則編）2－6【個人データに該当しない事例】）。
2）適切である（委員会ガイドライン（通則編）2－4）。
3）不適切である。個人情報データベース等から紙面に出力されたものやそのコピーに印字された個人情報は個人データに該当し、個人情報保護法による規制の対象となる（委員会ガイドライン（通則編）2－6【個人データに該当する事例】事例2））。
4）適切である。市販の住宅地図やカーナビゲーションシステムなどは、利用方法からみて個人の権利利益を害するおそれが少ないものとして、個人情報データベース等から除かれている（個人情報保護法16条1項、同法施行令4条1項、委員会ガイドライン（通則編）2－4）。したがって、それらを構成する個人情報は、個人データに該当しない（同法16条3項、委員会ガイドライン（通則編）2－6）。

正解　3）

1－8　保有個人データの定義

《問》保有個人データに関する次の記述のうち、最も適切なものはどれか。

1）警察から捜査関係事項照会等がなされることにより初めて取得した個人データや振り込め詐欺に利用された口座に関する情報に含まれる個人データは、個人の識別が可能であることから、保有個人データに該当する。

2）個人情報取扱事業者が保有する個人データのうち、不審者、悪質なクレーマー情報、暴力団等の反社会的勢力情報の個人データは、個人の識別が可能であることから、保有個人データに該当する。

3）保有個人データとは、原則として、個人情報取扱事業者が、開示、内容の訂正、追加または削除、利用の停止、消去および第三者への提供の停止を行うことのできる権限を有する個人データであって、個人情報保護法に定めた一定の要件に該当しないものをいう。

4）犯罪収益移転防止法に基づく疑わしい取引の届出に関して作成した個人データは、個人の識別が可能であることから、保有個人データに該当する。

・解説と解答・

1）不適切である。捜査関係事項照会等がなされることにより初めて取得した個人データや振り込め詐欺に利用された口座に関する情報に含まれる個人データは、当該個人データの存否が明らかになることにより、犯罪の予防、鎮圧または捜査その他の公共の安全と秩序の維持に支障が及ぶおそれがあることから、保有個人データから除かれている（個人情報保護法施行令5条4号、委員会ガイドライン（通則編）2－7(4)）。

2）不適切である。不審者、悪質なクレーマー情報、暴力団等の反社会的勢力情報などの個人データは、その存否が明らかになることにより、違法または不当な行為を助長し、または誘発するおそれがあるため、保有個人データから除かれている（個人情報保護法施行令5条2号、委員会ガイドライン（通則編）2－7(2)）。

3）適切である。個人情報保護法16条4項において、保有個人データとは、個人情報取扱事業者が、開示、内容の訂正、追加または削除、利用の停止、

消去および第三者への提供の停止を行うことのできる権限を有する個人
データであって、その存否が明らかになることにより公益その他の利益が
害されるものとして政令で定めるもの以外のものなどと定められている。
なお、2021年3月までは、「1年以内の政令で定める期間以内に消去する
こととなるもの以外のもの」の規定が存在したが、削除されている。

4) 不適切である。犯罪収益移転防止法に基づいて疑わしい取引の届出に関し
て作成した個人データは、当該個人データの存否が明らかになることによ
り、犯罪の予防、鎮圧または捜査その他公共の安全と秩序の維持に支障が
及ぶおそれがあることから、保有個人データから除かれている（個人情報
保護法施行令5条4号、委員会ガイドライン（通則編）2－7(4)事例3)）。

<u>正解　3)</u>

1－9　機微（センシティブ）情報と要配慮個人情報の定義等①

《問》個人情報保護法等に照らし、要配慮個人情報に関する次の記述のうち、最も適切なものはどれか。

1）犯罪行為が疑われる個人が撮影されている防犯カメラの映像は、当該個人の要配慮個人情報に該当する。
2）個人の国籍は、要配慮個人情報に該当する。
3）個人の学歴は、要配慮個人情報に該当する。
4）日本の裁判所において無罪判決を受けた事実、および外国政府により刑事事件に関する手続を受けた事実は、いずれも本人を被疑者または被告人として刑事事件に関する手続を受けた場合に含まれ、要配慮個人情報に該当する。

・解説と解答・

1）不適切である。「要配慮個人情報」とは、本人の人種、信条、社会的身分、病歴、犯罪の経歴、犯罪により害を被った事実その他本人に対する不当な差別、偏見その他の不利益が生じないようにその取扱いに特に配慮を要するものとして政令で定める記述等が含まれる個人情報をいう（個人情報保護法2条3項）。政令で定める記述には、刑事事件に関する手続が含まれる（同法施行令2条4号）。単に防犯カメラの映像等で、犯罪行為が疑われる映像が映ったのみでは、要配慮個人情報のうち「犯罪の経歴」「刑事事件に関する手続」のいずれにも該当せず、要配慮個人情報に該当しない（委員会Q＆A1－31）。

2）不適切である。委員会ガイドラインにおいて、国籍だけでは要配慮個人情報である「人種」に該当しないとの考え方が示されている（委員会ガイドライン（通則編）2－3⑴）。

3）不適切である。「社会的身分」の該当性が論点となるが、「社会的身分」とは、ある個人にその境遇として固着していて、一生の間、自らの力によって容易にそれから脱し得ないような地位を意味し、単なる職業的地位や学歴は含まないとされている（委員会ガイドライン（通則編）2－3⑶）。

4）適切である。委員会Q＆Aにおいて選択肢記載の考え方が示されている（委員会Q＆A1－32、1－33）。

正解　4）

1－10　機微（センシティブ）情報と要配慮個人情報の定義等②

> 《問》金融分野ガイドライン等に照らし、機微（センシティブ）情報に関する次の記述のうち、最も不適切なものはどれか。
> 1）性生活に関する情報は、金融分野ガイドラインに定める例外に該当する場合を除き、機微（センシティブ）情報に該当する。
> 2）医師の診断によらず、自己判断により市販薬を服用しているという情報は、機微（センシティブ）情報に該当する。
> 3）本人を目視することにより取得できる外形上明らかな要配慮個人情報は、機微（センシティブ）情報にも該当する。
> 4）労働組合の加盟に関する情報は、金融分野ガイドラインに定める例外に該当する場合を除き、機微（センシティブ）情報に該当する。

・解説と解答・

1）適切である。金融分野ガイドライン5条1項は、「要配慮個人情報並びに労働組合への加盟、門地、本籍地、保健医療及び性生活（これらのうち要配慮個人情報に該当するものを除く。）に関する情報」を機微（センシティブ）情報と定義している。金融分野ガイドラインに定める例外、すなわち、「本人、国の機関、地方公共団体、学術研究機関等、法第57条第1項各号若しくは施行規則第6条各号に掲げる者により公開されているもの、又は、本人を目視し、若しくは撮影することにより取得するその外形上明らかなもの」に該当する場合を除き、性生活に関する情報は、機微（センシティブ）情報に該当する（金融分野ガイドライン5条1項）。

2）適切である。機微（センシティブ）情報には、保健医療に関する情報が含まれるが（金融分野ガイドライン5条1項）、この保健医療に関する情報には、医師等の診断等によらず、自己判断により市販薬を服用しているといったケースを含み、要配慮個人情報より対象が広いとされている（金融分野Q＆A（問Ⅲ－1）（参考）機微（センシティブ）情報の対象範囲参照）。

3）不適切である。要配慮個人情報は機微（センシティブ）情報に含まれるが、機微（センシティブ）情報を定義した金融分野ガイドライン5条1項では「本人を目視し、若しくは撮影することにより取得するその外形上明らかなものは除く」と規定されている。

4）適切である。労働組合への加盟に関する情報は機微（センシティブ）情報
　　に該当する（金融分野ガイドライン5条1項）。

正解　3）

1－11　個人識別符号の定義①

《問》個人識別符号に関する次の記述のうち、最も適切なものはどれか。

1）特定の個人の身体の一部の特徴は、コンピュータ等で使用するために文字、番号、記号その他の符号に変換しなければ、個人識別符号に該当しない。

2）血液型は個人識別符号に該当する。

3）普通預金の口座番号およびクレジットカード番号は、いずれも個人識別符号に該当する。

4）個人名義での契約に基づいて付された電話番号は、個人識別符号に含まれるが、法人名義での契約に基づいて付された電話番号は、個人識別符号に該当しない。

・解説と解答・

1）適切である。身体の一部の特徴に関する個人識別符号の定義を定める個人情報保護法2条2項1号では、「特定の個人の身体の一部の特徴を電子計算機の用に供するために変換した文字、番号、記号その他の符号であって、当該特定の個人を識別することができるもの」と定められており、コンピュータ等で使用するために文字、番号、記号その他の符号に変換することが個人識別符号に該当するための要件とされている。

2）不適切である。血液型は、個人識別符号の具体的内容を定める個人情報保護法施行令1条、同法施行規則2～4条に列挙されておらず、個人識別符号に該当しない。

3）不適切である。普通預金の口座番号およびクレジットカード番号は、個人識別符号の具体的内容を定める個人情報保護法施行令1条、同法施行規則2～4条に列挙されておらず、個人識別符号に該当しない。

4）不適切である。電話番号は、個人識別符号の具体的内容を定める個人情報保護法施行令1条、同法施行規則2～4条に列挙されておらず、回線契約が法人名義、個人名義のいずれであるかを問わず、個人識別符号に該当しない。

正解　1）

1－12　個人識別符号の定義②

《問》個人識別符号に関する次の記述のうち、最も不適切なものはどれか。
1 ）個人識別符号が含まれる情報は、生存する個人に関する情報である限り、例外なく個人情報に該当する。
2 ）基礎年金番号は個人識別符号に該当する。
3 ）旅券の番号および運転免許証番号は、いずれも個人識別符号に該当しない。
4 ）住民票コードおよび個人番号は、いずれも個人識別符号に該当する。

・解説と解答・

1 ）適切である。個人情報保護法2条1項において、個人情報の定義は、「生存する個人に関する情報であって、次の各号のいずれかに該当するもの」とされており、同項2号において「個人識別符号が含まれるもの」と定められていることから、生存する個人に関する情報であることおよび個人識別符号が含まれる情報であることの要件をいずれも満たす情報は、例外なく個人情報に該当する。

2 ）適切である。基礎年金番号は、個人識別符号に該当する（個人情報保護法2条2項、同法施行令1条3号）。

3 ）不適切である。旅券番号および運転免許証番号は、個人識別符号に該当する（個人情報保護法2条2項、同法施行令1条2号・4号）。

4 ）適切である。住民票コードおよび個人番号は、個人識別符号に該当する（個人情報保護法2条2項、同法施行令1条5号・6号）。

正解　3 ）

16

1-13 匿名加工情報の定義

《問》匿名加工情報に関する次の記述のうち、最も不適切なものはどれか。
1) 匿名加工情報取扱事業者に対しては、個人情報保護法に基づく個人情報保護委員会による勧告が行われることはない。
2) 匿名加工情報とは、個人情報を個人情報の区分に応じて定められた措置を講じて特定の個人を識別することができないように加工して得られる個人に関する情報であって、当該個人情報を復元して特定の個人を再識別することができないようにしたものとされている。
3) 匿名加工情報データベース等とは、匿名加工情報を含む情報の集合物であって、特定の匿名加工情報をコンピュータ等を使用して検索することができるように体系的に構成したもの、その他特定の匿名加工情報を容易に検索することができるように体系的に構成したものとして政令で定めるものとされている。
4) 匿名加工情報データベース等を事業の用に供している者（国、地方公共団体等を除く）は、非営利を目的として匿名加工情報を利用する事業者であっても、匿名加工情報取扱事業者に該当する。

・解説と解答・

1) 不適切である。匿名加工情報取扱事業者が個人情報保護法44条もしくは45条の規定に違反した場合において、個人の権利利益を保護するため必要があると認めるときは、個人情報保護委員会による勧告の対象となる（同法148条1項）。
2) 適切である（個人情報保護法2条6項、委員会ガイドライン（仮名加工情報・匿名加工情報編）3-1-1）。
3) 適切である（個人情報保護法16条6項）。
4) 適切である。「事業の用に供している」の「事業」とは、一定の目的をもって反復継続して遂行される同種の行為であって、かつ社会通念上事業と認められるものをいい、営利・非営利の別は問わないこととされている（委員会ガイドライン（仮名加工情報・匿名加工情報編）3-1-2）。

正解　1)

1－14　仮名加工情報の定義

《問》仮名加工情報に関する次の記述のうち、最も不適切なものはどれか。
1）仮名加工情報とは、一定の措置を講じて他の情報と照合しない限り特定の個人を識別することができないように個人情報を加工して得られる個人に関する情報をいう。
2）個人情報取扱事業者が、仮名加工情報を作成するときは、個人情報に含まれる特定の個人を識別することができる記述等の全部または一部を削除すること、個人情報に含まれる個人識別符号の全部を削除すること、個人情報に含まれる不正に利用されることにより財産的被害が生じるおそれがある記述等を削除することという基準に従い、個人情報を加工しなければならない。
3）仮名加工情報取扱事業者は、法令に基づく場合を除くほか、仮名加工情報である個人データを第三者に提供してはならない。
4）仮名加工情報取扱事業者は、仮名加工情報を取り扱うに当たっては、当該仮名加工情報の作成に用いられた個人情報に係る本人を識別するために、当該仮名加工情報を他の情報と常に照合できる状態にしておかなければならない。

・解説と解答・

1）適切である（個人情報保護法２条５項）。仮名加工情報は、イノベーションを促進する観点から創設され、内部分析に限定する等を条件に、利用目的の変更の制限、漏えい等の報告等、開示・利用停止等の請求対応といった義務が緩和される（同法41条９項）。想定される活用例として、医療・製薬分野等における研究、不正検知・売上予測等の機械学習モデルの学習などが挙げられる。なお、匿名加工情報とは、一定の措置を講じて特定の個人を識別することができないように個人情報を加工して得られる個人に関する情報であって、当該個人情報を復元することができないようにしたものをいう（同法２条６項）。
2）適切である（個人情報保護法41条１項、同法施行規則31条）。個人情報の加工として、次の事例がある（委員会ガイドライン（仮名加工情報・匿名加工情報編）２－２－２－１－１）。
・会員ID、氏名、年齢、性別、サービス利用履歴が含まれる個人情報を加

工する場合に氏名を削除する

・氏名、住所、生年月日が含まれる個人情報を加工する場合に、氏名を削除、住所を削除または○○県△△市に置き換え、生年月日を削除または日を削除し、生年月に置き換え

3）適切である（個人情報保護法41条6項）。

4）不適切である（個人情報保護法41条7項）。仮名加工情報取扱事業者は、仮名加工情報を取り扱うに当たっては、当該仮名加工情報の作成に用いられた個人情報に係る本人を識別するために、当該仮名加工情報を他の情報と照合してはならない。

<u>正解　4）</u>

1－15　個人関連情報の定義

《問》個人関連情報に関する次の記述のうち、最も適切なものはどれか。
1）個人関連情報とは、生存する個人に関する情報であって、個人情報、仮名加工情報および匿名加工情報のいずれにも該当しないものをいう。
2）メールアドレスは、それ自体単独で個人情報に該当するため、個人関連情報に該当することはない。
3）指紋または掌紋、旅券番号、基礎年金番号は、個人関連情報に該当する。
4）Cookie（クッキー）等の端末識別子は個人関連情報に該当するが、家族等で情報端末を共用している場合には当該端末識別子は個人関連情報に該当しない。

・解説と解答・

1）適切である（個人情報保護法2条7項）。個人関連情報の例として、①Cookie（クッキー）等の端末識別子を通じて収集された、ある個人のWebサイトの閲覧履歴、②メールアドレスに結び付いた、ある個人の年齢・性別・家族構成等、③ある個人の商品購買履歴・サービス利用履歴、④ある個人の位置情報、⑤ある個人の興味・関心を示す情報、が挙げられる（委員会ガイドライン通則編2－8）。なお、Cookie（クッキー）とは、ホームページを閲覧した際に、Webサーバーが利用者のコンピューターに保存する管理用のファイルのこと。利用者の登録情報や今までのショッピングカートの内容などを利用者のコンピューターに保存しておくことで、次回その利用者が同じWebサイトを訪問した場合に、それらのデータを利用できるようにする仕組みである。Cookie（クッキー）を利用すると、ログイン情報を保管することもできるため、次回利用するときにログイン処理を省略できるようになるといった利点がある（総務省「国民のためのサイバーセキュリティサイト」用語辞典参照）。
2）不適切である。メールアドレスについて、個人情報に該当しない場合には、通常、当該メールアドレスに係るアカウントの利用者に関する情報として、「個人に関する情報」に該当し、個人関連情報に該当することとなると考えられる（委員会Q＆A8－2）。なお、メールアドレスは、ユー

ザー名およびドメイン名から特定の個人を識別することができる場合には、それ自体単独で個人情報に該当し、また、他の情報と容易に照合することにより特定の個人を識別することができる場合には、当該情報とあわせて全体として個人情報に該当することとなる（委員会Ｑ＆Ａ８－２）。

3）不適切である。設問文の指紋または掌紋、旅券番号、基礎年金番号は、個人識別符号（個人情報保護法２条２項、同法施行令１条）の例である。

4）不適切である。Cookie（クッキー）等の端末識別子について、個人情報に該当しない場合には、通常、当該端末識別子に係る情報端末の利用者に関する情報として、「個人に関する情報」に該当し、個人関連情報に該当することとなると考えられる。また、家族等の特定少数の人が情報端末を共用している場合であっても、通常、情報端末の共用者各人との関係で、「個人に関する情報」に該当し、個人関連情報に該当することとなると考えられる。なお、Cookie（クッキー）等の端末識別子は、他の情報と容易に照合することにより特定の個人を識別することができる場合には、当該情報とあわせて全体として個人情報に該当することとなる（委員会Ｑ＆Ａ８－１）。

<u>正解　１）</u>

1-16　個人情報取扱事業者の定義

《問》個人情報保護法および委員会ガイドラインに照らし、個人情報取扱
事業者に関する次の記述のうち、最も適切なものはどれか。

1）法人格のない、権利能力のない社団（任意団体）は、個人情報取扱
事業者に該当しない。

2）個人情報取扱事業者の定義における「事業」とは、一定の目的を
もって反復継続して遂行される同種の行為であって、かつ社会通念
上事業と認められるものをいい、営利・非営利の別は問わない。

3）個人情報データベース等を事業の用に供している者であっても、当
該個人情報データベース等を構成する個人情報によって識別される
特定の個人の数が一定以下の場合、個人情報取扱事業者に該当しな
い。

4）国の機関、地方公共団体、独立行政法人等、地方独立行政法人は、
個人情報保護法上の個人情報取扱事業者に該当する。

● 解説と解答 ●

1）不適切である。法人格のない、権利能力のない社団（任意団体）または個
人であっても、個人情報データベース等を事業の用に供している場合は、
個人情報取扱事業者に該当する（委員会ガイドライン（通則編）2-5）。

2）適切である。委員会ガイドライン（通則編）2-5において、同様の考え
方が示されている。

3）不適切である。個人情報データベース等を事業の用に供している者であれ
ば、当該個人情報データベース等を構成する個人情報によって識別される
特定の個人の数の多寡にかかわらず、個人情報取扱事業者に該当する（委
員会ガイドライン（通則編）2-5）。

4）不適切である。国の機関・地方公共団体・独立行政法人等・地方独立行政
法人は、個人情報保護法上の個人情報取扱事業者から除外されている（個
人情報保護法16条2項1号～4号）。

正解　2）

1－17　個人情報保護委員会の定義

《問》個人情報保護委員会に関する次の記述のうち、最も不適切なものは
どれか。
1) 個人情報保護法の2015年の改正に伴い、これまでの主務大臣制が廃
止され、個人情報の取扱いに関する監督等の事務を個人情報保護委
員会が所管することとなり、個人情報保護に関する行政監督が原則
として一元化された。
2) 各省庁の所管する事業分野に関する専門的な知見や監督体制を有効
に活用するため、個人情報保護委員会は、事業者からの報告の徴収
等の権限を事業所管大臣に委任できるとされており、金融分野にお
いては金融庁長官に対する権限委任ができる。
3) 個人情報保護委員会は、番号法に基づき設立された特定個人情報保
護委員会を改組する形で発足した内閣総理大臣の所轄に属する委員
会であることから、個人情報保護法のほかに、番号法も所管するこ
ととなっている。
4) 個人情報保護委員会の個人情報の取扱いに関する監督等の権限は、
2015年の改正前の個人情報保護法で主務大臣に認められていた報告
の徴収、助言、勧告および命令の権限を引き継いでいるが、立入検
査や指導の権限は認められていない。

・解説と解答・

1) 適切である。2015年の個人情報保護法改正によって、これまでの主務大臣
制が廃止され、個人情報保護に関する行政監督が個人情報保護委員会のも
とで原則として一元化されている。
2) 適切である。個人情報保護法では権限を事業所管大臣に委任できることと
されており、さらに内閣総理大臣は金融庁長官に委任する旨が規定されて
いる（同法150条）。
3) 適切である。番号法に基づき設立された特定個人情報保護委員会を改組す
る形で設置されており、番号法も引き続き所管している。
4) 不適切である。2015年の個人情報保護法改正によって、従来の主務大臣に
認められていた権限に加え、新たに立入検査や指導の権限が認められてい
る（同法146条～148条）。　　　　　　　　　　　　　　　　<u>正解　4)</u>

1−18　委員会ガイドライン

《問》委員会ガイドラインに関する次の記述のうち、最も不適切なものは
　どれか。
1）個人情報保護委員会は、個人情報保護法を所管しており、個人情
　報保護法に係る全分野の事業者が共通して遵守すべき事項をまとめた
　委員会ガイドライン（通則編）を定めている。
2）委員会ガイドライン（通則編）は、事業者が個人情報の適切な取扱
　いの確保に関して行う活動を支援すること、および当該支援により
　事業者が講ずる措置が適切かつ有効に実施されることを目的とし
　て、個人情報保護法に基づき具体的な指針として定められたもので
　ある。
3）個人情報保護委員会は、委員会ガイドライン（通則編）のほかに、
　個人情報保護法に係る全分野の事業者に共通に適用される汎用的な
　ガイドラインを定めているが、その数は、通則編を含め6つであ
　る。
4）金融分野における個人情報取扱事業者は、個人情報保護委員会が定
　めた個人情報保護法に係る全分野の事業者に共通に適用される委員
　会ガイドラインのほか、個人情報保護委員会および金融庁が定めた
　金融分野ガイドライン、金融分野実務指針を遵守する必要がある。

・解説と解答・

1）適切である。個人情報保護委員会は、委員会ガイドライン（通則編）を定
　め、個人情報保護法に係る全分野の事業者に適用される指針を示してい
　る。
2）適切である。委員会ガイドライン（通則編）は、事業者が個人情報の適切
　な取扱いの確保に関して行う活動を支援すること、および当該支援により
　事業者が講ずる措置が適切かつ有効に実施されることを目的として、個人
　情報保護法に基づく具体的な指針として定められたものである（委員会ガ
　イドライン（通則編）1−1）。
3）不適切である。個人情報保護委員会は、個人情報の保護に関する法律につ
　いて個人情報保護法に係るすべての分野の事業者に共通に適用される汎用
　的なガイドラインとして、通則編のほか外国にある第三者への提供編、第

　　三者提供時の確認・記録義務編、仮名加工情報・匿名加工情報編、認定個
　　人情報保護団体編を定めており、その数は通則編を含め5つである。
4）適切である。個人情報保護委員会および金融庁は、連名で金融分野ガイド
　　ラインと金融分野実務指針を定めており、金融分野における個人情報取扱
　　事業者は、個人情報保護委員会が定めた通則編等の個人情報保護法に係る
　　全分野の事業者に共通の委員会ガイドラインのほか、この金融分野ガイド
　　ライン等を遵守する必要がある。

正解　3）

1－19　金融分野ガイドラインおよび金融分野実務指針①

《問》金融分野ガイドラインおよび金融分野実務指針に関する次の記述の
うち、最も適切なものはどれか。

1）金融機関における顧客の個人情報の取扱いについては、専ら金融分
野ガイドラインが適用されることとなり、委員会ガイドラインが適
用される余地はない。

2）金融分野ガイドラインで「望ましい」と記載されている規定につい
て、金融分野における個人情報取扱事業者が従わない場合であって
も、個人情報保護法の規定違反と判断されることはないため、金融
機関がその遵守に努める必要もない。

3）金融分野ガイドラインでは、金融機関の従業者に対する必要かつ適
切な監督にあたり必要となる体制整備について具体的な規定を設け
ている。

4）金融分野実務指針では、個人データの各管理段階における安全管理
に係る取扱規程に定めるべき事項について、金融機関の合理的裁量
に委ねることとしており、明文規定を設けていない。

・解説と解答・

1）不適切である。金融分野ガイドラインにおいて特に定めのない部分につい
ては、委員会ガイドラインの通則編および各編が適用される（金融分野ガ
イドライン1条1項）。

2）不適切である。金融分野ガイドライン1条2項において、「本ガイドライ
ン中「こととする」、「適切である」及び「望ましい」と記載されている規
定については、金融分野における個人情報取扱事業者（中略）がその規定
に従わない場合には、法の規定違反と判断されることはないが、当該規定
は、金融分野の個人情報の性質及び利用方法に鑑み、個人情報の取扱いに
関して、金融分野における個人情報取扱事業者（中略）に特に厳格な措置
が求められる事項として規定されており、金融分野における個人情報取扱
事業者（中略）においては、遵守に努めるものとする」と定められてい
る。

3）適切である。金融分野ガイドライン9条3項では、必要な体制整備とし
て、「①従業者が、在職中及びその職を退いた後において、その業務に関

して知り得た個人データを第三者に知らせ、又は利用目的外に使用しない
ことを内容とする契約等を採用時等に締結すること」「②個人データの適
正な取扱いのための取扱規程の策定を通じた従業者の役割・責任の明確化
及び従業者への安全管理義務の周知徹底、教育及び訓練を行うこと」「③
従業者による個人データの持出し等を防ぐため、社内での安全管理措置に
定めた事項の遵守状況等の確認及び従業者における個人データの保護に対
する点検及び監査制度を整備すること」を定めている。

4）不適切である。金融分野実務指針別添1において、金融機関が個人データ
の各管理段階ごとの安全管理に係る取扱規程に定めなければならない事項
を定めており、金融機関の裁量に委ねることとはしていない（金融分野実
務指針7－1 ～ 7－6－1）。なお、各管理段階として、「取得・入力段
階」「利用・加工段階」「保管・保存段階」「移送・送信段階」「消去・廃棄
段階」「漏えい等事案への対応の段階」が挙げられている。

正解　3）

1−20　金融分野ガイドラインおよび金融分野実務指針②

《問》金融分野ガイドラインおよび金融分野実務指針等に関する次の記述のうち、最も不適切なものはどれか。

1) 金融分野ガイドラインで「〜なければならない」と記載されている規定に従わない場合は、個人情報保護法違反と判断されうる。

2) 金融分野Q＆Aは、金融庁および個人情報保護委員会により公表された資料で、金融機関における個人情報の取扱いの解釈指針となるものである。

3) 金融分野実務指針には、金融機関が講じなければならない安全管理措置として、人的安全管理措置および技術的安全管理措置の2種類の措置についてのみ、その具体的な内容が定められている。

4) 金融分野ガイドラインは、個人情報保護法の施行後の状況等諸環境の変化により必要が生じた場合、見直しの対象となる。

・解説と解答・

1) 適切である（金融分野ガイドライン1条2項）。

2) 適切である。金融分野Q＆Aは、金融庁が照会事例を踏まえ、金融機関における個人情報の取扱いの解釈指針を示すものとして策定・公表したもので、個人情報保護委員会および金融庁の連名で公表している。

3) 不適切である。「実施体制の整備に関する組織的安全管理措置」（金融分野実務指針2−1 〜 2−6）、「実施体制の整備に関する人的安全管理措置」（同指針3−1 〜 3−4）、「実施体制の整備に関する物理的安全管理措置」（同指針4−1 〜 4−4）、「実施体制の整備に関する技術的安全管理措置」（同指針5−1 〜 5−7）の4種類の安全管理措置について具体的内容が定められている。

4) 適切である。金融分野ガイドライン21条において、「個人情報の保護についての考え方は、社会情勢の変化、国民の認識の変化、技術の進歩、国際動向等に応じて変わり得るものであり、本ガイドラインは、法の施行後の状況等諸環境の変化を踏まえて、必要に応じ見直しを行うものとする」ことが定められている。

正解　3)

1－21　個人情報保護法と番号法①

《問》個人情報保護法と番号法に関する次の記述のうち、最も適切なもの
はどれか。
1）特定個人情報（個人番号をその内容に含む個人情報）は、個人情報
保護法の適用除外とされており、番号法のみが適用される。
2）個人情報を取り扱う際には利用目的の特定が必要であるが、個人番
号を取り扱う際は、番号法上、利用目的の特定が不要である。
3）個人情報および特定個人情報のいずれも、共同利用の要件を満たす
ことにより本人の同意なく提供を行うことができる。
4）個人番号を取り扱う業務の再委託については、番号法上、当初の委
託元の許諾を得る必要があるとの定めがあるが、一般の個人データ
を取り扱う業務の再委託については、個人情報保護法上、当初の委
託元の許諾を得る必要があるとの定めはない。

・解説と解答・

1）不適切である。特定個人情報については、番号法30条2項により適用され
ない規定を除き、利用目的の特定および通知・公表（個人情報保護法17条
1項、21条1項）など、個人情報保護法も適用される。

2）不適切である。番号法上、個人番号の取扱いにあたって利用可能な事務の
範囲は、個人番号関係事務、すなわち社会保障、税、災害対策その他の行
政分野に関する特定の事務に限定されている（番号法2条11項、9条4
項）が、その範囲内で利用目的の特定が必要である（同法30条2項、個人
情報保護法17条1項）。

3）不適切である。個人データについては共同利用が認められている（個人情
報保護法27条5項3号）が、個人番号については、番号法30条2項により
個人情報保護法27条（第三者提供の制限）の適用が除外されているため、
共同利用が認められていない。

4）適切である。再委託以降の委託において個人番号を取り扱う業務につい
て、番号法では当初の委託元の「許諾を得た場合に限り、その全部又は一
部の再委託をすることができる」と規定されている（同法10条1項）。他
方、個人情報保護法には同旨の規定は設けられていない。なお、個人情報
保護法25条は、「個人情報取扱事業者は、個人データの取扱いの全部又は

一部を委託する場合は、その取扱いを委託された個人データの安全管理が
図られるよう、委託を受けた者に対する必要かつ適切な監督を行わなけれ
ばならない」と定めている。

正解　4）

1－22　個人情報保護法と番号法②

《問》個人情報保護法と番号法に関する次の記述のうち、最も適切なもの
はどれか。

1）個人番号の利用可能な事務の範囲は、番号法により法定の事務に限
定されているが、個人情報についても、利用可能な事務の範囲は法
定の事務に限定されている。

2）個人データおよび特定個人情報（個人番号をその内容に含む個人情
報）のいずれも、あらかじめ本人の同意がある場合に限り、第三者
に提供することが認められている。

3）特定個人情報については、番号法が適用されるほか、個人情報保護
法の規定の一部についても、番号法により一部読み替えられたうえ
で適用される。

4）個人情報保護法には法律違反に対する直接罰の規定が設けられてい
るが、番号法には法律違反に対する直接罰の規定が設けられていな
い。

・解説と解答・

1）不適切である。個人番号については、番号法上、利用可能な事務の範囲が
個人番号関係事務、すなわち社会保障、税、災害対策その他の行政分野に
関する特定の事務に限定されている（番号法2条11項、9条4項）。他
方、個人情報については、個人情報保護法上、利用可能な事務の範囲に制
限はない。

2）不適切である。個人データについては、あらかじめ本人の同意があれば、
第三者提供が可能となる（個人情報保護法27条1項柱書）が、特定個人情
報については、番号法19条各号のいずれかに該当しなければ、本人の同意
の有無を問わず第三者提供が認められていない。

3）適切である。特定個人情報については、番号法のほか、同法30条2項によ
り一部の規定について適用除外および読替えが行われたうえで、個人情報
保護法の規定が適用される。

4）不適切である。番号法、個人情報保護法、いずれも法律違反に対する直接
罰の規定が設けられている（番号法48条以下、個人情報保護法176条以下
参照）。

<u>正解　3）</u>

第 2 章

取扱いの基本ルール

2－1　個人情報の取得時の留意点（適正取得等）①

《問》個人情報取扱事業者による個人情報の適正な取得に関する次の記述のうち、最も不適切なものはどれか。

1) 実際には賞品のプレゼントを行わないのに、「アンケートに答えると抽選で豪華賞品をプレゼントする」と偽り、個人情報を取得する行為は禁じられている。
2) 不正の手段で個人情報が取得されたことを知り、または容易に知ることができるにもかかわらず、当該個人情報を取得する場合は、偽りその他不正の手段により個人情報を取得したとされうる。
3) 十分な判断能力を有していない子どもや障害者から、取得状況から考えて関係のない家族の収入事情などの家族の個人情報を、家族の同意なく取得する場合は、偽りその他不正の手段により個人情報を取得したとされうる。
4) 要配慮個人情報は、法令等に基づく場合等を除き、たとえ本人が同意したとしても取得することが禁じられている。

・解説と解答・

1) 適切である。個人情報取扱事業者は、偽りその他不正の手段により個人情報を取得してはならないと規定されている（個人情報保護法20条1項）。また、委員会ガイドライン（通則編）3－3－1事例3）は、個人情報を取得する主体や利用目的等について、意図的に虚偽の情報を示して、本人から個人情報を取得する場合を個人情報取扱事業者が不正の手段により個人情報を取得している事例としている。
2) 適切である（委員会ガイドライン（通則編）3－3－1事例6））。
3) 適切である（委員会ガイドライン（通則編）3－3－1事例1））。
4) 不適切である。要配慮個人情報は、法令に基づく場合等を除き、あらかじめ本人の同意を得なければ、取得することができないが（個人情報保護法20条2項）、本人が同意すれば取得することができる。

正解　4）

2－2　個人情報の取得時の留意点（適正取得等）②

《問》個人情報取扱事業者による個人情報の適正な取得に関する次の記述のうち、最も不適切なものはどれか。
1）他の事業者に指示して不正の手段で個人情報を取得させ、当該他の事業者から個人情報を取得してはならない。
2）今後の連絡を取り合うために、名刺交換により個人情報を取得する場合は、利用目的の明示は不要であると解される。
3）個人情報を含む情報がインターネットに公表されていた場合、単に閲覧しただけでも個人情報を取得したものと解される。
4）事業者が不動産登記簿の閲覧により個人情報を入手し、当該情報をセールスに利用するためには、当該事業者が利用目的を定めそれを公表し、かつ、その利用目的にセールスに利用することが含まれている必要がある。

・解説と解答・

1）適切である。個人情報取扱業者は、偽りその他不正な手段で個人情報を取得してはならないとされている（個人情報保護法20条1項）。他の事業者に指示して不正の手段で個人情報を取得させ、当該他の事業者から個人情報を取得する場合は、偽りその他不正の手段による個人情報の取得に該当する（委員会ガイドライン（通則編）3－3－1事例4））。

2）適切である。名刺交換の場合は、「取得の状況からみて利用目的が明らかであると認められる場合」（個人情報保護法21条4項4号）に該当し、利用目的の明示は不要であると解される（委員会ガイドライン（通則編）3－3－5(4)事例2））。

3）不適切である。インターネットを単に閲覧しただけで、転記等を行わない場合は、個人情報を取得しているとは解されない（委員会ガイドライン（通則編）3－3－1（※1））。

4）適切である。一般に公開されている登記簿などから個人情報を取得することは適法である。ただし、取得した個人情報を利用するには、利用目的の策定とその範囲で取り扱うという制限（個人情報保護法18条）および利用目的の通知・公表（同法21条）が必要である。

<u>正解　3）</u>

2-3 個人情報の利用目的、通知・公表①

《問》個人情報の利用目的の特定に関する次の記述のうち、最も適切なものはどれか。

1) 金融分野における個人情報取扱事業者が、融資実行に際して、個人情報を取得する場合、その利用目的について同意を得なければならず、契約書等における利用目的は、他の契約条項等と明確に分離して記載しなければならない。

2) 金融分野における個人情報取扱事業者が、特定の個人情報を犯罪収益移転防止法に基づく取引時確認に利用する場合、その旨を本人に明示する必要はない。

3) 金融分野における個人情報取扱事業者は、個人情報を取り扱う際に、利用目的をできる限り具体的に特定しなければならないが、「自社の所要の目的で用いる」といった抽象的な内容でも、利用目的を特定したものと解される。

4) 金融分野における個人情報取扱事業者が、与信事業に際して、個人情報を個人信用情報機関（個人の返済能力に関する情報の収集および与信事業を行う個人情報取扱事業者に対する当該情報の提供を業とするもの）に提供する場合は、あらかじめその旨を利用目的に明示すれば足り、明示した利用目的について本人の同意を得る必要はない。

・解説と解答・

1) 適切である。金融分野における個人情報取扱事業者は、「与信事業に際して、個人情報を取得する場合においては、利用目的について本人の同意を得ることとし、契約書等における利用目的は、他の契約条項等と明確に分離して記載すること」とされている（金融分野ガイドライン2条3項）。

2) 不適切である。金融分野における個人情報取扱事業者は、特定の個人情報の利用目的が、法令等に基づき限定されている場合、その旨を明示することとされている（金融分野ガイドライン2条2項）。

3) 不適切である。金融分野における個人情報取扱事業者が、個人情報保護法17条に従い利用目的を特定する際には、利用目的をできる限り具体的に特定しなければならず「自社の所要の目的で用いる」といった抽象的な利用

目的では「できる限り特定」したものとはならないと解されており、利用目的は、提供する金融商品またはサービスを示したうえで特定することが望ましい（金融分野ガイドライン2条1項）。具体的には次の事例が挙げられている。

・当社の預金の受入れ
・当社の与信判断・与信後の管理
・当社の保険の引受け、保険金・給付金の支払い
・当社または関連会社・提携会社の金融商品・サービスの販売・勧誘
・当社または関連会社・提携会社の保険の募集
・当社内部における市場調査および金融商品・サービスの開発・研究
・特定の金融商品・サービスの購入に際しての資格の確認

4）不適切である。金融分野における個人情報取扱事業者が、与信事業に際して、個人情報を個人信用情報機関（個人の返済能力に関する情報の収集および与信事業を行う個人情報取扱事業者に対する当該情報の提供を業とするもの）に提供する場合は、あらかじめその旨を利用目的に明示し、明示した利用目的について本人の同意を得なければならない（金融分野ガイドライン2条4項）。

正解　1）

2－4　個人情報の利用目的、通知・公表②

《問》個人情報の利用目的の通知等に関する次の記述のうち、最も適切なものはどれか。

1）個人情報取扱事業者が、インターネット上で本人から直接個人情報を取得する場合、本人が送信ボタンをクリックする前に、その利用目的の内容が示された画面に少なくとも3回程度の操作でページ遷移するように設定したリンクが本人の目に留まるように配置されていなければ、利用目的を明示したことにはならない。

2）個人情報取扱事業者の従業員であることを明らかにせずに、名刺を交換し、当該名刺から取得した個人情報に基づき、当該個人情報取扱事業者の個人向け金融商品に関するダイレクトメールの送付に利用する場合は、常に「取得の状況からみて利用目的が明らかであると認められる場合」に該当する。

3）個人情報取扱事業者は、インターネット上で本人が自発的に公にしている個人情報を取得した場合、本人が自発的に公にしている以上弊害はないことから、当該個人情報の利用目的について通知・公表を行う必要はない。

4）個人情報取扱事業者が、官報に掲載されている個人情報を書き記して取得した場合、あらかじめその利用目的を公表している場合を除き、速やかにその利用目的を本人に通知し、または公表しなければならない。

・解説と解答・

1）不適切である。インターネットにおいて個人情報を取得する場合は、電磁的記録により個人情報を取得する場合に該当し、あらかじめ本人に対し、利用目的を明示しなければならない（個人情報保護法21条2項）。インターネット上で本人から直接個人情報を取得する場合、本人が送信ボタン等をクリックする前等に、その利用目的が本人の目に留まるようその配置に留意することが求められるが、利用目的を記載した画面に遷移するリンクボタンの場合は、1回程度の操作でページ遷移することが望ましいとされている（委員会ガイドライン（通則編）3－3－4【利用目的の明示に該当する事例】事例2））。

2）不適切である。一般の慣行として名刺を交換して個人情報を取得した場合、今後の連絡のためという利用目的の場合は、「取得の状況からみて利用目的が明らかであると認められる場合」と解されるが、個人情報取扱事業者の従業員であることを明らかにせずに、名刺交換を行った場合は、ダイレクトメールが送られてくることについて予測可能性があるといえるか疑義があり、常に上記場合に該当するとは言い切れないと考えられる（委員会Q＆A４−16参照）。少なくとも最も適切な記述とまでは言えない。

3）不適切である。インターネット上で本人が自発的に公にしている個人情報を取得した場合でも、個人情報の取得に該当するため、利用目的の通知等の対応を要する（個人情報保護法21条１項、委員会ガイドライン（通則編）３−３−３事例１））。

4）適切である。官報から個人情報を書き記して取得した場合でも、個人情報の取得に該当するため、利用目的の通知等の対応を要する（個人情報保護法21条１項、委員会ガイドライン（通則編）３−３−３事例２））。

<u>正解　4）</u>

2－5　要配慮個人情報の取扱い

《問》X社の個人情報保護法における要配慮個人情報の取扱いに関する次の記述のうち、最も適切なものはどれか。

1）X社は、要配慮個人情報が本人により公開されている場合であっても、その取得について、あらかじめ本人の同意を得る必要がある。

2）X社が、要配慮個人情報を第三者から取得する場合、取得元の第三者が要配慮個人情報の取得および第三者提供に関する本人からの同意を得ていれば、第三者からの取得時に本人から改めて取得に関する同意を得る必要はない。

3）X社は、人の生命、身体または財産保護のために必要な場合であって、本人の同意を得ることが困難であるときであっても、要配慮個人情報を取得するときは、あらかじめ本人の同意を得なければならない。

4）X社は、保有する要配慮個人情報について、オプトアウト手続により第三者に提供する方法を採用すれば、本人の同意を得ることなく第三者提供を行うことができる。

・解説と解答・

1）不適切である。要配慮個人情報を取得するためには、あらかじめ本人の同意を得る必要があるのが原則であるが、要配慮個人情報が本人によって公開されている場合は、例外的にあらかじめ本人の同意を得ることなく当該要配慮個人情報を取得することができる（個人情報保護法20条2項7号）。

2）適切である。個人情報取扱事業者が要配慮個人情報を第三者提供の方法により取得した場合、提供元が個人情報保護法20条2項および同法27条1項に基づいて本人から必要な同意（要配慮個人情報の取得および第三者提供に関する同意）を取得しているのであれば、提供を受けた当該個人情報取扱事業者が、改めて本人から同法20条2項に基づく同意を得る必要はないものと解されている（委員会ガイドライン（通則編）3－3－2（※2））。

3）不適切である。要配慮個人情報を取得するためには、あらかじめ本人の同意を得る必要があるのが原則であるが、例外として「人の生命、身体又は財産の保護のために必要がある場合であって、本人の同意を得ることが困難であるとき」等が挙げられている（個人情報保護法20条2項2号）。

4) 不適切である。要配慮個人情報についてオプトアウト手続を用いることは
できないとされており、本人の同意を得なければ第三者提供を行うことは
できない（委員会ガイドライン（通則編）3 - 3 - 2 ※ 1 ）。なお、不正
取得された個人データおよびオプトアウトにより提供された個人データも
オプトアウト規定により第三者提供することができない（委員会ガイドラ
イン 3 - 6 - 2 - 1 ）。

<u>正解　2)</u>

2－6　要配慮個人情報と機微（センシティブ）情報の取扱い

《問》X社の要配慮個人情報および機微（センシティブ）情報の取扱いに
関する次の記述のうち、最も不適切なものはどれか。
  1 ）X社が、要配慮個人情報を書面により本人から適正に直接取得する
場合、本人が提供を行ったことをもって同意があったものと解され
る。
  2 ）X社が、個人データである要配慮個人情報を共同利用によって取得
する場合、必要な事項をあらかじめ本人に通知し、または本人が容
易に知り得る状態に置いているときでも、要配慮個人情報の取得に
ついて本人から同意を得る必要がある。
  3 ）X社は、相続手続による権利義務の移転等の遂行に必要な限りにお
いて、あらかじめ特定した利用目的の範囲内で、機微（センシティ
ブ）情報の取得および利用を行うことができる。
  4 ）X社が、警察の任意の求めに応じて要配慮個人情報に該当する個人
情報を提出するために、当該個人情報を取得する場合、当該取得に
ついて、あらかじめ本人の同意を得る必要はない。

・解説と解答・

1 ）適切である。個人情報取扱事業者が要配慮個人情報を書面または口頭等に
より本人から適正に直接取得する場合は、本人が当該情報を提供したこと
をもって、当該個人情報取扱事業者が当該情報を取得することについて本
人の同意があったものと解される（委員会ガイドライン（通則編） 3 － 3
－ 2 （※ 2 ））。

2 ）不適切である。個人情報保護法27条 5 項各号に掲げる場合において、個人
データである要配慮個人情報の提供を受けるときは、あらかじめ本人の同
意を得ることなく要配慮個人情報を取得することができるとされている
（同法20条 2 項 8 号、同法施行令 9 条 2 号）。

3 ）適切である。金融分野ガイドライン 5 条 1 項に従い、同項各号に該当する
場合を除いて機微（センシティブ）情報を利用することはできないが、相
続手続による権利義務の移転等の遂行に必要な限りにおいて、機微（セン
シティブ）情報を利用する場合は、同項 7 号に該当する場合であり、機微
（センシティブ）情報を利用できる場合に当たる。

4）適切である。委員会ガイドラインにおいて、「国の機関若しくは地方公共
　団体又はその委託を受けた者が法令の定める事務を遂行することに対して
　協力する必要がある場合であって、本人の同意を得ることにより当該事務
　の遂行に支障を及ぼすおそれがあるとき」（個人情報保護法20条2項4号）
　に該当する事例とされ、あらかじめ本人の同意を得ずに要配慮個人情報を
　取得することができる（委員会ガイドライン（通則編）3－3－2⑷事
　例））。

<u>正解　2）</u>

2－7　匿名加工情報の取扱い①

《問》個人情報取扱事業者による匿名加工情報の取扱いに関する次の記述
のうち、最も不適切なものはどれか。
1）匿名加工情報に関する安全管理措置として、加工方法等情報を取り
扱う正当な権限を有しない者による加工方法等情報の取扱いを防止
するために、必要かつ適切な措置を講じることが求められている。
2）匿名加工情報を第三者に提供するときには、あらかじめ提供する匿
名加工情報に含まれる個人に関する情報の項目や提供の方法を公表
しなければならない。
3）匿名加工情報を取り扱うにあたっては、本人を識別するために、個
人情報から削除された記述や個人識別符号、加工の方法に関する情
報を取得してはならない。
4）匿名加工情報の作成に際しての加工方法の1つとして、症例数がき
わめて少ない病歴等の特異な記述を削除することまでは求められて
いない。

・解説と解答・

1）適切である。匿名加工情報の安全管理措置として、加工方法等情報を取り
扱う正当な権限を有しない者による加工方法等情報の取扱いを防止するた
めに必要かつ適切な措置を講じることが求められている（個人情報保護法
施行規則35条3号）。
2）適切である。匿名加工情報を第三者に提供するときは、あらかじめ提供す
る匿名加工情報に含まれる個人に関する情報の項目や提供の方法を公表す
るとともに、提供を受ける第三者に対し、提供する情報が匿名加工情報で
あることを明示しなければならない（個人情報保護法43条4項）。
3）適切である（個人情報保護法45条）。
4）不適切である。一般的にみて、めずらしい事実に関する記述等や他の個人
と著しい差異が認められる記述等は、特定の個人の識別または元の個人情
報の復元につながるおそれがあるため、匿名加工情報を作成する際は、特
異な記述等について削除または他の記述等への置き換えを行わなければな
らない（委員会ガイドライン（仮名加工情報・匿名加工情報編）3－2－
2－4）。「症例数の極めて少ない病歴の削除」のほか、「年齢が「116歳」

という情報を「90歳以上」に置き換える」という事例が挙げられている。

正解　4）

2－8　匿名加工情報の取扱い②

《問》匿名加工情報に関する次の記述のうち、最も不適切なものはどれか。
1）要配慮個人情報を加工して、匿名加工情報を作成することはできない。
2）複数の匿名加工情報を組み合わせて統計情報を作成することは、匿名加工情報に関する識別行為に該当しない。
3）匿名加工情報を作成するときは、特定の個人を識別すること、およびその作成に用いる個人情報を復元することができないように、個人情報を加工しなければならない。
4）個人情報取扱事業者が匿名加工情報を作成するにあたっては、個人情報保護委員会規則で定める基準に従うことが求められる。

・解説と解答・

1）不適切である。個人情報保護法2条3項に定める要配慮個人情報を含む個人情報を加工して、匿名加工情報を作成することができる（委員会Q＆A 15－10）。
2）適切である。委員会ガイドライン（仮名加工情報・匿名加工情報編）3－2－6【識別行為に当たらない取扱いの事例】事例1）において、識別行為に該当しない例として挙げられている。
3）適切である。匿名加工情報を作成するときは、特定の個人を識別すること、およびその作成に用いる個人情報を復元することができないように、個人情報を加工しなければならない（個人情報保護法43条1項）。
4）適切である。個人情報保護法43条1項は、個人情報取扱事業者が匿名加工情報を作成するときに加工を行うことを義務付けているが、加工にあたっては、「特定の個人を識別すること及びその作成に用いる個人情報を復元することができないようにするために必要なものとして個人情報保護委員会規則で定める基準」に従うことを求めている。個人情報保護委員会規則34条に定める基準は次の通り。
・個人情報に含まれる特定の個人を識別することができる記述等の全部または一部を削除すること（当該全部または一部の記述等を復元することのできる規則性を有しない方法により他の記述等に置き換えることを含む）

・個人情報に含まれる個人識別符号の全部を削除すること（当該個人識別符号を復元することのできる規則性を有しない方法により他の記述等に置き換えることを含む）

・個人情報と当該個人情報に措置を講じて得られる情報とを連結する符号（現に個人情報取扱事業者において取り扱う情報を相互に連結する符号に限る）を削除すること（当該符号を復元することのできる規則性を有しない方法により当該個人情報と当該個人情報に措置を講じて得られる情報を連結することができない符号に置き換えることを含む）

・特異な記述等を削除すること（当該特異な記述等を復元することのできる規則性を有しない方法により他の記述等に置き換えることを含む）

・上記の措置のほか、個人情報に含まれる記述等と当該個人情報を含む個人情報データベース等を構成する他の個人情報に含まれる記述等との差異その他の当該個人情報データベース等の性質を勘案し、その結果を踏まえて適切な措置を講ずること

<u>正解　1)</u>

2－9　仮名加工情報の取扱い①

《問》仮名加工情報、仮名加工情報である個人データおよび仮名加工情報
　　である保有個人データに係る個人情報保護法の規定に関する次の
　　記述のうち、最も不適切なものはどれか。

1）「個人情報取扱事業者は、利用目的を変更する場合には、変更前の
　　利用目的と関連性を有すると合理的に認められる範囲を超えて行っ
　　てはならない」とする規定は、適用されない。
2）「個人情報取扱事業者は、その取り扱う個人データの漏えい、滅
　　失、毀損その他の個人データの安全の確保に係る事態であって個人
　　の権利利益を害するおそれが大きいものとして個人情報保護委員会
　　規則で定めるものが生じたときは、個人情報保護委員会規則で定め
　　るところにより、当該事態が生じた旨を個人情報保護委員会に報告
　　しなければならない」とする規定は、適用されない。
3）「本人は、個人情報取扱事業者に対し、当該本人が識別される保有
　　個人データの電磁的記録の提供による方法その他の個人情報保護委
　　員会規則で定める方法による開示を請求することができる」とする
　　規定は、適用されない。
4）「個人情報取扱事業者は、その取り扱う個人データの漏えい、滅失
　　又は毀損の防止その他の個人データの安全管理のために必要かつ適
　　切な措置を講じなければならない」とする規定は、適用されない。

・解説と解答・

1）適切である（個人情報保護法41条9項）。本人を識別しない、内部での分
　　析・利用を条件として、利用目的の変更の制限（同法17条2項）は、仮名
　　加工情報、仮名加工情報である個人データおよび仮名加工情報である保有
　　個人データについて、適用されない。
2）適切である（個人情報保護法41条9項）。漏えい等の報告等（同法26条）
　　は、仮名加工情報、仮名加工情報である個人データおよび仮名加工情報で
　　ある保有個人データについて、適用されない。
3）適切である（個人情報保護法41条9項）。開示の請求対応（同法33条）
　　は、仮名加工情報、仮名加工情報である個人データおよび仮名加工情報で
　　ある保有個人データについて、適用されない。

4）不適切である（個人情報保護法41条9項）。安全管理措置（同法23条）
　は、仮名加工情報、仮名加工情報である個人データおよび仮名加工情報で
　ある保有個人データについて、適用除外とされていない。

<u>正解　4）</u>

2−10 仮名加工情報の取扱い②

《問》個人情報取扱事業者による仮名加工情報（仮名加工情報データベース等を構成するものに限る）作成時に関する次の記述のうち、最も不適切なものはどれか。

1）会員ID、氏名、年齢、性別、サービス利用履歴が含まれる個人情報を加工する場合に、氏名を削除する。
2）氏名、住所、生年月日が含まれる個人情報を加工する場合に、氏名を削除する、住所を○○県△△市に置き換える、生年月日を生年月に置き換える。
3）復元可能な規則性を有する方法で、クレジットカード番号を他の番号に置き換える。
4）送金や決済機能のあるWebサービスのログインID・パスワードを削除する。

・解説と解答・

1）適切である。個人情報取扱事業者が取り扱う個人情報には、一般に、氏名、住所、生年月日、性別の他、様々な個人に関する記述等が含まれている。これらの記述等は、氏名のようにその情報単体で特定の個人を識別することができるもののほか、住所、生年月日など、これらの記述等が合わさることによって特定の個人を識別することができるものもある。このような特定の個人を識別できる記述等から全部またはその一部を削除する、あるいは他の記述等に置き換えることによって、特定の個人を識別することができないよう加工しなければならない（委員会ガイドライン（仮名加工情報・匿名加工情報編）2−2−2−1−1【想定される加工の事例】事例1））。

2）適切である。氏名、住所、生年月日が含まれる個人情報を加工する場合に、①氏名を削除する、②住所を削除する、または、○○県△△市に置き換える、③生年月日を削除する、または、日を削除し、生年月に置き換える（委員会ガイドライン（仮名加工情報・匿名加工情報編）2−2−2−1−1【想定される加工の事例】事例2））。

3）不適切である。一般的にみて、不正に利用されることにより個人の財産的被害が生じるおそれが類型的に高い記述等については、それが漏えいした

場合に個人の権利利益の侵害が生じる蓋然性が相対的に高いと考えられる。そのため、仮名加工情報を作成するにあたっては、当該記述等について削除または他の記述等への置き換えを行わなければならない。なお、他の記述等に置き換える場合は、元の記述等を復元できる規則性を有しない方法による必要がある（委員会ガイドライン（仮名加工情報・匿名加工情報編）２－２－２－１－３【想定される加工の事例】事例１））。

4）適切である（委員会ガイドライン（仮名加工情報・匿名加工情報編）２－２－２－１－３【想定される加工の事例】事例２））。

正解　3）

2－11 個人関連情報の取扱い

《問》個人関連情報の取扱いに関する次の記述のうち、最も適切なものは
どれか。
1）個人関連情報取扱事業者は、第三者が個人関連情報を個人データと
　して取得することが想定されるときは、原則として、当該第三者が
　個人関連情報取扱事業者から個人関連情報の提供を受けて本人が識
　別される個人データとして取得することを認める旨の当該本人の同
　意が得られていることについて、あらかじめ一定の確認をしない
　で、当該個人関連情報を当該第三者に提供してはならない。
2）提供元の個人関連情報取扱事業者および提供先の第三者間の契約等
　において、提供先の第三者において、提供を受けた個人関連情報を
　個人データとして利用しない旨が定められている場合であっても、
　当該個人関連情報取扱事業者は当該個人関連情報に係る本人の同意
　を得なければならない。
3）個人関連情報に係る本人の同意は、書面をもって確認しなければな
　らない。
4）提供先の第三者が個人関連情報を、個人データとして取得すること
　が想定されるかどうかは、個人関連情報の提供後一定期間を経た時
　点を基準に判断しなければならない。

・解説と解答・

1）適切である（個人情報保護法31条）。提供先の第三者が、提供を受けた個
　人関連情報を、ID等を介して提供先が保有する他の個人データに付加す
　る場合には、「個人データとして取得する」場合に該当する（委員会ガイ
　ドライン（通則編）3－7－1－1）。本人から同意を得る主体は、原則
　として提供先の第三者となり、個人関連情報取扱事業者は、当該第三者か
　ら申告を受ける方法その他の適切な方法によって本人同意が得られている
　ことを確認することになる（委員会ガイドライン（通則編）3－7－3－
　1）。
2）不適切である。提供元の個人関連情報取扱事業者および提供先の第三者間
　の契約等において、提供先の第三者において、提供を受けた個人関連情報
　を個人データとして利用しない旨が定められている場合には、通常、「個

人データとして取得する」ことが想定されず、個人情報保護法31条は適用されない。もっとも、提供先の第三者が実際には個人関連情報を個人データとして利用することが窺われる事情がある場合には、当該事情に応じ、別途、提供先の第三者における個人関連情報の取扱いも確認した上で「個人データとして取得する」ことが想定されるかどうか判断する必要がある（委員会ガイドライン（通則編）3 - 7 - 1 - 3）。

3) 不適切である。同意取得の方法としては、様々な方法があるが、例えば、本人から同意する旨を示した書面や電子メールを受領する方法、確認欄へのチェックを求める方法がある。Web サイト上で同意を取得する場合は、単に Web サイト上に本人に示すべき事項を記載するのみでは足りず、それらの事項を示した上で Web サイト上のボタンのクリックを求める方法等によらなければならない。また、同意取得に際しては、本人に必要な情報を分かりやすく示すことが重要であり、例えば、図を用いるなどして工夫することが考えられる（委員会ガイドライン（通則編）3 - 7 - 2 - 3）。

4) 不適切である。提供先の第三者が個人関連情報を「個人データとして取得することが想定される」かは、個人関連情報の提供時点を基準に判断する（委員会 Q & A 8 - 4）。個人関連情報の提供時点において、提供先の第三者が「個人データとして取得する」ことが想定されないのであれば、本人の同意が得られていること等を確認することなく、個人関連情報を提供することができる。事後的に、提供先の第三者が個人関連情報を個人データとして利用したことが明らかになったとしても、提供元の個人関連情報取扱事業者は、個人情報保護法31条 1 項に違反することとはならない。なお、個人情報取扱事業者である提供先の第三者は、提供元である個人関連情報取扱事業者に個人データとして利用する意図を秘して、本人同意を得ずに個人関連情報を個人データとして取得した場合には、同法20条 1 項（適正な取得）に違反することとなる。

<u>正解　1)</u>

2−12　個人データの正確性の確保

《問》個人データの内容の正確性の確保等に関する次の記述のうち、最も不適切なものはどれか。
1）個人情報取扱事業者は、法令の定めにより保存期間が定められている場合を除き、利用する必要がなくなった個人データを遅滞なく消去するよう努めなければならない。
2）個人情報取扱事業者は、保有する個人データを一律にまたは常に最新化する必要はなく、それぞれ利用目的に応じてその必要な範囲で正確性・最新性を確保すれば足りる。
3）キャンペーンの懸賞品送付のため、当該キャンペーンの応募者の個人データを保有していたところ、懸賞品の発送が終わり、不着対応等のための合理的な期間が経過した場合は、個人データとして利用する必要がなくなったときに該当することから、当該個人データを遅滞なく消去するように努めなければならない。
4）「個人データの消去」とは、当該個人データを個人データとして使えなくするため、当該データを削除することをさし、当該データから特定の個人を識別できないようにすることは含まれない。

・解説と解答・

1）適切である。個人情報取扱事業者は、保有する個人データについて利用する必要がなくなったときは、当該個人データを遅滞なく消去するよう努めなければならない（個人情報保護法22条）とされているが、法令の定めにより保存期間等が定められている場合は、この限りではない（委員会ガイドライン（通則編）3−4−1）。
2）適切である。個人情報取扱事業者は、利用目的の達成に必要な範囲内において、個人データを正確かつ最新の内容に保つとともに、利用する必要がなくなったときは、当該個人データを遅滞なく消去するよう努めなければならない（個人情報保護法22条）とされているものの、保有する個人データを一律にまたは常に最新化する必要はなく、それぞれの利用目的に応じて、その必要な範囲内で正確性・最新性を確保すれば足りる（委員会ガイドライン（通則編）3−4−1）。
3）適切である（委員会ガイドライン（通則編）3−4−1事例)）。

4）不適切である。「個人データの消去」とは、当該個人データを個人データ
　として使えなくすることであるとされ、当該データを削除することのほ
　か、当該データから特定の個人を識別できないようにすること等を含む
　（委員会ガイドライン（通則編）3－4－1（※））。

<u>正解　4）</u>

54

2－13 個人データの取扱い

> 《問》個人データの取扱いに関する次の記述のうち、最も不適切なものは
> どれか。
> 1）個人情報取扱事業者は、利用目的の達成に必要な範囲内において、
> 　個人データを正確かつ最新の内容に保つよう努めなければならな
> 　い。
> 2）契約書等の書類の形で本人から提出され、これからデータベースに
> 　登録しようとしている情報は「個人データ」に該当しない。
> 3）個人情報データベース等から紙面に出力されたものが、委託先に提
> 　供された場合、それ自体が容易に検索可能な形で体系的に整理され
> 　ない限り、当該委託先にとって当該情報は個人データに該当しない。
> 4）金融分野における個人情報取扱事業者は、不特定多数者が書店で随
> 　時に購入可能な名簿で、事業者においてまったく加工をしていない
> 　ものについても、処分するためにはシュレッダー等での処理による
> 　廃棄を行わなければならない。

・解説と解答・

1）適切である。個人データの内容の正確性について、個人情報保護法22条は
　「利用目的の達成に必要な範囲内において、個人データを正確かつ最新の
　内容に保つとともに、利用する必要がなくなったときは、当該個人データ
　を遅滞なく消去するよう努めなければならない」としている。

2）適切である。「個人データ」とは、「個人情報データベース等を構成する個
　人情報」をいう（個人情報保護法16条3項）。データベース化されていな
　い個人情報は、たとえ通常データベース管理される性質のもので、かつ、
　これからデータベース化される予定であったとしても、「個人データ」に
　は当たらない（金融分野Q＆A問Ⅱ－7①）。

3）適切である。当該情報が容易に検索可能な形で体系的に整理されていない
　のであれば、委託先にとって当該情報は個人データに該当しないと解され
　る（金融分野Q＆AⅡ－7③）。

4）不適切である。金融分野ガイドライン8条1項は「不特定多数者が書店で
　随時に購入可能な名簿で、事業者において全く加工をしていないものにつ
　いては、個人の権利利益を侵害するおそれは低いと考えられることから、

それを処分するために文書細断機等による処理を行わずに廃棄し、又は廃
品回収に出したとしても事業者の安全管理措置の義務違反にはならない」
としている。

正解　4）

2－14　個人データの第三者提供（同意、合併等）①

《問》X社が、個人顧客Aの配偶者Bから、A本人の契約や債務残高に関する問合せを受けた場合に関する次の記述のうち、最も適切なものはどれか。

1）Aの債務の弁済日、取引金額が記載されている取引履歴は、単なる日付、金額に過ぎず、これによりA本人を識別することはできないことから、これらをX社の他の情報と照合することでAを識別できたとしても、個人情報に該当せず、Aの同意の有無にかかわらずBに回答できる。

2）Bは、Aが行う借入金全般に関し、日常家事債務に関する代理権を有していることから、X社は、Bからの問合せに対し、口頭に限っては、当然に回答を行うことができる。

3）X社は、A本人の自署、押印のあるBを代理人とする委任状を取得した場合、A本人から「同意書」の徴求を行わなくてもBからの問合せに回答できる。

4）X社は、原則として、A本人の同意がなければ、Aの取引に関しBに開示することはできないが、BがAの債務を弁済する目的を有している場合に限り、Aの取引に関するすべての情報を例外として回答することができる。

・解説と解答・

1）不適切である。生存する個人に関する情報であって、当該情報に含まれる氏名、生年月日その他の記述等により特定の個人を識別することができるものは「個人情報」とされ、他の情報と容易に照合することができ、それにより特定の個人を識別することができることとなるものを含むとされている（個人情報保護法2条1項1号）。Aの債務の弁済日、金額等が記載されている取引履歴は、それ自体、X社内の他の情報と照合することで、特定の顧客であるAを識別できることから「個人情報」に該当する。また、当該個人情報は、本件ではデータ化されていることから、Aの同意なく第三者であるBに回答することは認められない。

2）不適切である。日常の生活費としての範囲を超える借入金である場合には、日常家事債務には該当しないと考えられることから、Aが行う借入全

般に、Bは日常家事債務に関する代理権を有しているとは必ずしもいえない。また口頭に限っては許されるということもないため、Aの同意なく第三者であるBに当然に回答を行うことはできない。

3）適切である。本人が行う個人情報の開示請求においては、本人が第三者に委任することが認められている（個人情報保護法37条3項、同法施行令13条）ことに鑑みれば、委任状をA本人の同意を示すものとし、A本人の「同意書」がなくても問い合わせに回答することは可能である。

4）不適切である。第三者に個人データを提供するには、原則として、事前に本人の同意を得る必要があり、家族からの当該本人に関する個人情報の開示請求があっても、原則としてこれに応じることができない（個人情報保護法27条1項）。同法では、例外的に本人の同意を不要とする場合があるが（同条1項1号〜7号）、BがAの債務を弁済する目的を有している場合は、当然にこの例外には当たるわけではない。なお、借入申込の同意書に、連帯保証人に債務残高等の個人情報を提供することを記載し、あらかじめ同意を得る運営が行われている。なお、同条1項1号〜7号は次の通り。

1　法令に基づく場合

2　人の生命、身体または財産の保護のために必要がある場合であって、本人の同意を得ることが困難であるとき

3　公衆衛生の向上または児童の健全な育成の推進のために特に必要がある場合であって、本人の同意を得ることが困難であるとき

4　国の機関もしくは地方公共団体またはその委託を受けた者が法令の定める事務を遂行することに対して協力する必要がある場合であって、本人の同意を得ることにより当該事務の遂行に支障を及ぼすおそれがあるとき

5　当該個人情報取扱事業者が学術研究機関等である場合であって、当該個人データの提供が学術研究の成果の公表または教授のためやむを得ないとき（個人の権利利益を不当に侵害するおそれがある場合を除く）

6　当該個人情報取扱事業者が学術研究機関等である場合であって、当該個人データを学術研究目的で提供する必要があるとき（当該個人データを提供する目的の一部が学術研究目的である場合を含み、個人の権利利益を不当に侵害するおそれがある場合を除く）（当該個人情報取扱事業者と当該第三者が共同して学術研究を行う場合に限る）

7　当該第三者が学術研究機関等である場合であって、当該第三者が当該

個人データを学術研究目的で取り扱う必要があるとき（当該個人データを取り扱う目的の一部が学術研究目的である場合を含み、個人の権利利益を不当に侵害するおそれがある場合を除く）

正解　3）

2－15　個人データの第三者提供（同意、合併等）②

《問》合併・債権譲渡等による個人情報の移転に関する次の記述のうち、最も不適切なものはどれか。なお、民法に基づく債権譲渡制限特約等は付されていないものとする。
1）X社は、合併・分社化により新会社に個人データを提供する場合、当該個人データの提供について、特段、本人の同意を得る必要はない。
2）X社は、債権譲渡に付随して譲渡人から当該債権の管理に必要な範囲において債務者の個人データの提供を受ける場合、債務者本人から明示的な同意を得る必要がある。
3）X社は、事業譲渡により事業が承継されることに伴い、当該事業譲渡に係る個人データが提供される場合であって、X社が事業の承継前の利用目的の達成に必要な範囲を超えて当該個人データを取り扱うときには、本人の同意を得なければならない。
4）X社が、事業譲渡により、譲渡先企業に個人データを提供する場合、当該譲渡先企業は「第三者」に該当しない。

・解説と解答・

1）適切である（個人情報保護法27条5項2号、委員会ガイドライン（通則編）3－6－3⑵事例1））。
2）不適切である。債権譲渡に付随して譲渡人から譲受人に対して当該債権の管理（譲渡・回収等）に必要な範囲において債務者および保証人等に関する「個人データ」が提供される場合には、個人情報保護法27条により求められる第三者提供に関する本人の同意を事実上推定できるため、改めて明示的に本人の同意を得る必要はないものと解される（金融分野Q＆A問Ⅵ－4）。
3）適切である（個人情報保護法18条2項、委員会ガイドライン（通則編）3－1－4）。
4）適切である（個人情報保護法27条5項2号、委員会ガイドライン（通則編）3－6－3⑵事例2））。

正解　2）

2－16　個人データの第三者提供（確認義務、記録義務等）①

《問》個人データの第三者提供に係る確認・記録義務に関する次の記述の
うち、最も不適切なものはどれか。
1）個人情報保護委員会は、確認・記録義務違反があり、個人の権利利
益を保護するために必要があると認める場合、個人情報取扱事業者
に、違反行為の中止その他違反を是正するために必要な措置をとる
べき旨を勧告することができる。
2）個人データの第三者提供を受ける場合、本人の同意を得ていること
を誓約する書面を提供者から受け入れる方法により、当該提供者に
よる取得の経緯の確認義務を履行することもできる。
3）本人の代理人または家族等、本人と一体と評価できる関係にある者
に提供する場合、本人側に対する提供とみなされるため、確認・記
録義務は適用されない。
4）法令に基づく場合として、本人の同意を取得せずに第三者提供を行
う場合であっても、第三者提供には該当することから、第三者提供
に関する記録義務を履行する必要がある。

・解説と解答・

1）適切である。個人情報保護委員会は、確認・記録義務違反があり、個人の
権利利益を保護するために必要があると認める場合、個人情報取扱事業者
等に、違反行為の中止その他違反を是正するために必要な措置をとるべき
旨を勧告することができる（個人情報保護法148条1項）。
2）適切である。委員会ガイドライン（確認記録義務編）において、取得の経
緯の適切な確認方法の例として、「提供者が本人の同意を得ていることを
誓約する書面を受け入れる方法」が挙げられている（委員会ガイドライン
（確認記録義務編）3－1－2事例4））。
3）適切である。委員会ガイドライン（確認記録義務編）2－2－1－2に同
様の考え方が示されている。
4）不適切である。法令に基づく場合など、個人情報保護法27条1項各号に掲
げる第三者提供については記録義務が適用されないものとされている（委
員会ガイドライン（確認記録義務編）2－1－1）。

<u>正解　4）</u>

2－17　個人データの第三者提供（確認義務、記録義務等）②

《問》個人データの第三者提供に係る確認・記録義務に関する次の記述のうち、最も不適切なものはどれか。
1）個人情報取扱事業者が、ホームページで公表されている個人データを第三者に提供する場合、当該行為は第三者提供に該当せず、第三者に関する記録義務を履行する必要がない。
2）個人情報取扱事業者が、第三者から個人データの提供を受ける場合、当該第三者における個人データの取得の経緯を確認することが必要となる。
3）個人情報取扱事業者が、第三者から個人データの提供を受ける場合、当該第三者が法人であるときは、業務執行権限の有無にかかわらず、取引担当者の氏名を確認することが必要となる。
4）個人情報取扱事業者が、第三者から個人データの提供を受ける場合、提供を受ける第三者の氏名および住所を確認することが必要となる。

・解説と解答・

1）適切である。個人情報保護法29条1項の「提供」の考え方として、不特定多数の者が取得できるホームページ等で公表されている情報などの公開情報は、本来であれば受領者も自ら取得できる情報であり、それをあえて提供者から受領者に提供する行為は、受領者による取得行為を提供者が代行しているものであることから、実質的に確認・記録義務を課すべき第三者提供には該当せず、同義務は適用されないとされている（委員会ガイドライン（確認記録義務編）2－2－1－3）。
2）適切である。第三者による個人データの取得の経緯は、確認事項とされている（個人情報保護法30条1項2号、同法施行規則22条）。
3）不適切である。提供を受ける第三者が法人である場合には、取引担当者ではなく、代表者の氏名が確認事項となる（個人情報保護法30条1項1号）。
4）適切である。提供を受ける第三者の氏名および住所は、確認事項とされている（個人情報保護法30条1項1号、同法施行規則22条）。

<u>正解　3）</u>

2－18　外国にある第三者への個人データの提供①

《問》外国にある第三者への個人データの提供に関する次の記述のうち、
最も不適切なものはどれか。
1 ）外国にある同一法人の支店に個人データの移転を行う際には、外国
にある第三者に対する個人データの提供についての本人の同意は不
要である。
2 ）金融分野における個人情報取扱事業者は、外国にある第三者への個
人データの提供に関する同意を得る場合、第三者提供に関する同意
を得る場合と同様に、原則として書面（電磁的記録を含む）による
ことが求められている。
3 ）我が国と同等の水準であると認められる個人情報の保護に関する制
度を有している外国として個人情報保護委員会規則で定めた国にあ
る第三者に個人データを提供する場合、あらかじめ外国にある第三
者への提供を認める旨の同意を得る必要はないとされている。
4 ）委託に伴い外国にある委託先に個人データの移転を行う場合、外国
にある第三者に対して個人データを提供することについて本人の同
意を求める個人情報保護法の規定が適用されることはない。

・解説と解答・

1 ）適切である。外国にある「第三者」に該当するかどうかは、個人データを
提供する個人情報取扱事業者と別の法人格を有するかどうかで判断すると
されており、選択肢の場合は「外国にある第三者」への個人データの提供
には当たらない（委員会ガイドライン（外国第三者提供編） 2 － 2 ）。な
お、外国にある子会社への個人データ移転については、同意が必要とな
る。また、本人の同意を得ようとする場合には、個人情報保護委員会規則
で定めるところにより、あらかじめ、当該外国における個人情報の保護に
関する制度、当該第三者が講ずる個人情報の保護のための措置その他当該
本人に参考となるべき情報を当該本人に提供しなければならない（個人情
報保護法28条 2 項）。
2 ）適切である。金融分野ガイドライン 3 条において、外国にある第三者への
個人データの提供に関する同意およびその他利用目的の達成に必要な範囲
を超える個人情報の取扱いの同意、第三者提供に関する同意を得る場合

は、原則として書面（電磁的記録を含む）によることとするものとされている。

3）適切である。個人情報保護法28条は、個人の権利利益を保護するうえで我が国と同等の水準であると認められる個人情報の保護に関する制度を有している外国として個人情報保護委員会規則で定めた外国については、同条を適用しない旨を規定している。個人の権利利益を保護する上で我が国と同等の水準にあると認められる個人情報の保護に関する制度を有している外国は、EU および英国が該当する。ここでいう EU とは、「個人の権利利益を保護する上で我が国と同等の水準にあると認められる個人情報の保護に関する制度を有している外国等」（平成31年個人情報保護委員会告示第1号）に定める国を指す（ただし、英国は含まない）（委員会ガイドライン（外国第三者提供編）3）。

4）不適切である。委託に伴う個人データの提供は、国内においては本人の同意が不要とされている（個人情報保護法27条5項1号）が、外国にある第三者に提供する場合は、同法28条の適用が除外されていないことから、本人の同意を求める同法28条が適用される。

<u>正解　4）</u>

2−19　外国にある第三者への個人データの提供②

《問》外国にある第三者への個人データの提供に関する次の記述のうち、
　　　最も不適切なものはどれか。
1）個人情報取扱事業者は、外国にある第三者に個人データを提供する
　　場合、法令で定める例外に該当する場合を除き、あらかじめ当該第
　　三者への提供を認める旨の本人の同意を得なければならない。
2）「外国にある第三者」の「第三者」とは、個人データを提供する個
　　人情報取扱事業者と当該個人データによって識別される本人以外の
　　者であり、外国政府も含まれる。
3）個人情報取扱事業者が外国にある第三者に個人データを提供する場
　　合であっても、当該第三者が、個人情報取扱事業者が講ずべき措置
　　に相当する措置を継続的に講じるために必要な体制として、個人情
　　報保護委員会規則で定める基準に適合する体制を整備しているとき
　　は、外国にある第三者への個人データの提供についての個人情報保
　　護法の規定が適用されることはない。
4）日本企業が、外国の法人格を取得している現地子会社に個人データ
　　を提供する場合、当該日本企業にとっては、現地子会社であること
　　から、「外国にある第三者」への個人データの提供に該当しない。

・解説と解答・

1）適切である（個人情報保護法28条1項）。
2）適切である。「外国にある第三者」の「第三者」とは、個人データを提供
　　する個人情報取扱事業者と当該個人データによって識別される本人以外の
　　者であり、外国政府などもこれに含まれる（委員会ガイドライン（外国第
　　三者提供編）2−2）。
3）適切である。個人情報保護法28条1項かっこ書により、外国にある第三者
　　に対する個人データの提供についての同法の規定の適用が除外されている。
4）不適切である。外国の法人格を取得している日本企業の現地子会社は、
　　「外国にある第三者」に該当するため、選択肢のケースは「外国にある第
　　三者」への個人データの提供に該当する（委員会ガイドライン（外国第三
　　者提供編）2−2）。

<u>正解　4）</u>

2 −20　オプトアウト手続①

《問》個人情報保護法27条 2 項に基づくオプトアウト手続に関する次の記述のうち、最も不適切なものはどれか。

1 ）個人情報取扱事業者が、オプトアウト手続により個人データを第三者に提供する場合、あらかじめ個人情報保護委員会へ所定事項の届出を行う必要がある。

2 ）個人情報取扱事業者が、オプトアウト手続により、要配慮個人情報の含まれた個人データを第三者に提供することは認められていない。

3 ）金融分野における個人情報取扱事業者が、与信事業に係る個人の返済能力に関する情報を個人信用情報機関へ提供するにあたっては、本人の同意を得ずに、オプトアウト手続により個人データを第三者提供することも可能とされている。

4 ）オプトアウト手続により個人データの第三者提供を行っている個人情報取扱事業者が、提供される個人データの項目、提供の方法または第三者への提供を停止すべきとの本人の求めを受け付ける方法を変更する場合は、変更する内容について、あらかじめ本人に通知し、または本人が容易に知り得る状態に置くとともに、個人情報保護委員会に届け出なければならない。

・解説と解答・

1 ）適切である（個人情報保護法27条 2 項）。なお、オプトアウト規定により第三者に提供される個人データが要配慮個人情報または同法20条 1 項（適正取得）に違反して取得されたものもしくは他の個人情報取扱事業者からオプトアウト規定により提供されたもの（その全部または一部を複製し、または加工したものを含む）は対象外とされている。

2 ）適切である（個人情報保護法27条 2 項）。

3 ）不適切である。金融分野における個人情報取扱事業者が、与信事業に係る個人の返済能力に関する情報を個人信用情報機関へ提供するにあたっては、オプトアウト手続での個人データの第三者提供に関する規定を適用しないこととし、本人の同意を得ることとされている（金融分野ガイドライン12条 3 項）。

4）適切である（個人情報保護法27条3項）。

正解　3）

2 −21 オプトアウト手続②

《問》オプトアウト手続に関する次の記述のうち、最も不適切なものはどれか。

1) 個人情報保護法27条2項に基づくオプトアウト手続とは、本人の求めに応じて個人データの第三者提供を停止することを前提に、一定の条件のもと、本人の同意を得ずに個人データを第三者に提供することが可能となる仕組みのことをいう。

2) 表札や郵便受けを調べて住宅地図を作成する住宅地図業者は、オプトアウト手続を利用して当該住宅地図の販売を行うことができる。

3) 金融分野における個人情報取扱事業者は、要配慮個人情報に該当しない機微（センシティブ）情報について、オプトアウト手続により第三者に提供しても問題はない。

4) 要配慮個人情報は、オプトアウト手続により第三者に提供することはできず、第三者に提供するにあたっては、個人情報保護法が定める例外に該当する場合以外は、必ずあらかじめ本人の同意を得る必要がある。

・解説と解答・

1) 適切である。なお、「一定の条件」とは、個人情報保護法27条2項1号～8号の事項を「あらかじめ、本人に通知し、または本人が容易に知り得る状態に置くとともに、個人情報保護委員会に届け出たとき」である。同項1号～8号は次の通り。

1 第三者への提供を行う個人情報取扱事業者の氏名または名称および住所ならびに法人にあっては、その代表者（法人でない団体で代表者または管理人の定めのあるものにあっては、その代表者または管理人）の氏名

2 第三者への提供を利用目的とすること

3 第三者に提供される個人データの項目

4 第三者に提供される個人データの取得の方法

5 第三者への提供の方法

6 本人の求めに応じて当該本人が識別される個人データの第三者への提供を停止すること

 7　本人の求めを受け付ける方法

 8　その他個人の権利利益を保護するために必要なものとして個人情報保
  護委員会規則で定める事項

2）適切である。オプトアウトによる第三者提供の事例として挙げられている
（委員会ガイドライン（通則編）3－6－2－1）。

3）不適切である。金融分野ガイドライン5条4項では、機微（センシティ
ブ）情報を第三者へ提供するにあたっては個人情報保護法27条2項の規定
は適用しないこととしており、要配慮個人情報に該当しない機微（センシ
ティブ）情報をオプトアウト手続によって第三者に提供することは認めら
れていない。なお、機微（センシティブ）情報のうち要配慮個人情報につ
いては、同項において、オプトアウトを用いることができないとされてい
ることに留意する。

4）適切である（委員会ガイドライン（通則編）3－6－2－1）。

正解　3）

2 - 22　個人データの共同利用①

《問》X社の個人データの共同利用に関する次の記述のうち、最も不適切なものはどれか。

1 ）X社が行う共同利用の対象となる個人データの提供については、必ずしもすべての共同利用者が双方向で行う必要はなく、一部の共同利用者に対し、一方向で行うこともできる。
2 ）X社がグループ会社と共同利用する場合、共同して利用するすべての事業者のなかで、第 1 次的に苦情の受付・処理、開示・訂正等を行う権限を有する「個人データの管理について責任を有する者」を定める必要がある。
3 ）X社が共同利用する際にあらかじめ行う本人への通知は、原則として書面による必要がある。
4 ）X社がY社に対して、X社が既に保有する個人データを共同利用として提供する場合、Y社は、X社の特定した利用目的の範囲に限定することなく当該個人データを利用できる。

・解説と解答・

1 ）適切である。X社が行う共同利用の対象となる個人データの提供については、必ずしもすべての共同利用者が双方向で行う必要はなく、一部の共同利用者に対し、一方向で行うこともできる（委員会ガイドライン（通則編） 3 - 6 - 3 (3)（※ 1 ））。
2 ）適切である。「責任を有する者」とは、共同して利用するすべての事業者のなかで、第 1 次的に苦情の受付・処理、開示・訂正等を行う権限を有するものとされている（委員会ガイドライン（通則編） 3 - 6 - 3 (3)⑤）。
3 ）適切である。金融分野ガイドラインでは、共同利用を行う際の本人の通知は、原則として書面によるべきことが定められている（同ガイドライン12条 4 項）。
4 ）不適切である。既に特定の事業者が取得している個人データを他の事業者と共同して利用する場合には、既に取得している事業者が個人情報保護法17条 1 項の規定により特定した利用目的の範囲で利用しなければならない（委員会ガイドライン（通則編） 3 - 6 - 3 (3)）。

<u>正解　4 ）</u>

2−23　個人データの共同利用②

《問》X社が個人データをX社のグループ会社と共同して利用する場合の
　　対応に関する次の記述のうち、最も不適切なものはどれか。
　1）X社が、X社のグループ会社との個人データの共同利用について、
　　　必要な事項をあらかじめ本人に通知し、または本人が容易に知り得
　　　る状態に置いている場合であっても、個人データの提供について本
　　　人の同意を得る必要がある。
　2）X社が「共同して利用する者の範囲」の通知等を行う場合、共同利
　　　用するX社のグループ会社について個別に列挙することが望ましい
　　　が、「当社および有価証券報告書等に記載されている、当社の子会
　　　社」といった外延を示す方法も容認される。
　3）X社およびX社のグループ会社が、共同利用する個人情報の利用目
　　　的を変更する場合、変更する内容について、あらかじめ本人に通知
　　　し、または本人が容易に知り得る状態に置く必要がある。
　4）X社とX社のグループ会社が個人データの共同利用をしようとする
　　　場合、「共同して利用する者の範囲」をあらかじめ本人に通知し、
　　　または本人が容易に知り得る状態に置く必要があるが、この共同利
　　　用者の範囲については、本人がどの事業者まで将来利用されるか判
　　　断できる程度に明確にする必要がある。

・解説と解答・

1）不適切である。個人データを特定の者との間で共同して利用する場合、必
　　要な事項をあらかじめ本人に通知し、または本人が容易に知り得る状態に
　　置いている場合は、当該個人データの提供を受ける者は、「第三者」に当
　　たらず、本人の同意を得る必要はない（個人情報保護法27条5項3号）。
　　他方、共同利用することを明らかにしていなければ、第三者に該当し、本
　　人の同意を得なければならない。
2）適切である。共同して利用する者の外延を示すことにより本人に通知等す
　　る場合には、本人が容易に理解できるよう共同して利用する者を具体的に
　　特定しなければならない（金融分野ガイドライン12条4項）。
3）適切である（個人情報保護法27条6項）。
4）適切である。「共同利用」の趣旨は、本人からみて、個人データを提供す

る事業者と一体のものとして取り扱われることに合理性がある範囲で、当該個人データを共同して利用することである。したがって、共同利用者の範囲については、本人がどの事業者まで将来利用されるか判断できる程度に明確にする必要がある（委員会ガイドライン（通則編）3－6－3⑶③）。

正解　1）

2-24　個人データ取扱業務の外部委託①

《問》金融分野における個人情報取扱事業者の個人データ取扱業務の外部
委託に関する次の記述のうち、最も不適切なものはどれか。
1) 委託元は、個人データの安全管理のため、委託先における組織体制
の整備および安全管理に係る基本方針・取扱規程の策定状況などの
内容を委託先の選定基準として定め、当該基準を定期的に見直さな
ければならない。
2) 委託先から再委託先以降に業務が委託された場合は、個人番号（特
定個人情報）を取り扱う業務のみならず、一般的な個人データを取
り扱う業務においても、当初の委託元の許諾が必須とされている。
3) 外部委託先から個人データが流出し、顧客に損害が発生した場合に
は、委託元にも法的責任が生じる可能性がある。
4) 2段階以上の委託が行われている場合には、委託先の事業者が再委
託先の事業者に対して十分な監督を行っているかについても委託元
が監督を行う必要があるとされており、委託契約において安全管理
措置を盛り込むとともに、その後の遵守状況を確認する必要があ
る。

・解説と解答・

1) 適切である。金融分野ガイドライン10条3項1号は、「個人データの安全
管理のため、委託先における組織体制の整備及び安全管理に係る基本方
針・取扱規程の策定等の内容を委託先選定の基準に定め、当該基準を定期
的に見直さなければならない」と定めている。
2) 不適切である。個人番号（特定個人情報）を取り扱う業務においては、再
委託以降の委託につき当初の委託元の許諾が必要とされている（番号法10
条）が、一般的な個人データについてはそこまでは求められていない。
3) 適切である。個人情報保護法および番号法上、個人番号を取り扱う業務や
一般的な個人データを取り扱う業務を外部の第三者に委託することは禁止
されていない。ただし、委託元は、委託先について、その取扱いを委託さ
れた個人データの安全管理が図られるよう、必要かつ適切な監督を行う義
務を負っていることから、委託先からの情報漏えいにより顧客に損害が発
生した場合は、委託元も法的責任を負う可能性がある。

4）適切である。金融分野ガイドライン10条3項2号では、委託元は定期的ま
　　たは随時に委託契約が定める安全管理措置の遵守状況を確認し、当該安全
　　管理措置を見直すことを求めている。

正解　2）

2−25 個人データ取扱業務の外部委託②

《問》金融分野における個人情報取扱事業者が個人データの取扱いを委託
する際の委託先選定に関する次の記述のうち、最も不適切なものは
どれか。

1）「委託」には、契約の形態や種類を問わず、金融分野における個人
情報取扱事業者が他の者に個人データの取扱いの全部または一部を
行わせることを内容とする契約のいっさいが含まれる。

2）委託先の監督は、個人データが漏えい等をした場合に本人が被る権
利利益の侵害の大きさを考慮する必要があるが、必ずしも委託する
事業の規模および性質ならびに個人データの取扱状況等に起因する
リスクに応じたものとする必要はない。

3）個人データの安全管理のため、委託先における組織体制の整備およ
び安全管理に係る基本方針・取扱規程の策定等の内容を委託先選定
の基準に定め、当該基準を定期的に見直さなければならない。

4）委託先の選定にあたっては、必要に応じて個人データを取り扱う場
所に赴く、またはこれに代わる合理的な方法により確認を行ったう
えで、個人データ管理責任者等が適切に評価することが望ましい。

・解説と解答・

1）適切である（金融分野ガイドライン10条2項）。

2）不適切である。委託先の監督は、個人データが漏えい等をした場合に本人
が被る権利利益の侵害の大きさを考慮し、委託する事業の規模および性質
ならびに個人データの取扱状況等に起因するリスクに応じたものとしなけ
ればならない（金融分野ガイドライン10条1項）。

3）適切である（金融分野ガイドライン10条3項1号）。金融分野における個
人情報取扱事業者は、個人データの取扱いを委託する場合には、次に掲げ
る事項を委託先選定の基準として定め、当該基準に従って委託先を選定す
るとともに、当該基準を定期的に見直さなければならない（金融分野実務
指針6−1）。

① 委託先における個人データの安全管理に係る基本方針・取扱規程等の
整備

② 委託先における個人データの安全管理に係る実施体制の整備

 ③　実績等に基づく委託先の個人データ安全管理上の信用度

 ④　委託先の経営の健全性

4）適切である（金融分野ガイドライン10条3項1号）。「個人データを取り扱う場所に赴く」には、テレビ会議システム等（映像と音声の送受信により相手の状態を相互に認識できる方法をいう）を利用する方法を含む。

<u>正解　2）</u>

2−26　個人データの保管・廃棄・削除①

《問》個人データの保管・廃棄・削除に関する次の記述のうち、最も不適
切なものはどれか。

1）個人情報取扱事業者が個人データの削除を委託する場合、委託先が
確実に削除したことについて、証明書等により確認することが重要
である。

2）個人情報取扱事業者が個人データの記載された書類等を廃棄する方
法として、シュレッダーによることは認められず、焼却や溶解と
いった確実に復元不可能な手段を採用することが求められる。

3）金融分野における個人情報取扱事業者は、個人データの保管・保存
段階における取扱規程について、「個人データへのアクセス制御」
として、盗難等の防止のための措置等を定めることが望ましい。

4）個人情報取扱事業者が紙でのみ個人情報を管理している場合、個人
データの保管の観点から必要となる技術的安全管理措置を講じる必
要はない。

・解説と解答・

1）適切である（委員会ガイドライン（通則編）10−5(4)）。

2）不適切である。個人情報取扱事業者が個人データの記載された書類等を廃
棄する方法として、適切なシュレッダー処理によることは認められている
（委員会ガイドライン（通則編）10−5(4)の手法の例示）。

3）適切である（金融分野実務指針7−3−1）。金融分野における個人情報
取扱事業者は、保管・保存段階における取扱規程について、「個人データ
へのアクセス制御」として、次に掲げる事項を定めることが望ましい。

　①　入館（室）者による不正行為の防止のための、業務実施場所および情
報システム等の設置場所の入退館（室）管理の実施

　（例）入退館（室）の記録の保存

　②　盗難等の防止のための措置

　（例）カメラによる撮影や作業への立会い等による記録またはモニタリン
グの実施

　（例）記録機能を持つ媒体の持込み・持出し禁止または検査の実施

　③　不正な操作を防ぐための、個人データを取り扱う端末に付与する機能

　の、業務上の必要性に基づく限定

（例）スマートフォン、パソコン等の記録機能を有する機器の接続の制限
　　および機器の更新への対応

4 ）適切である。技術的安全管理措置は、情報システムを使用して個人データ
を取り扱う場合に講じなければならないものであるため、紙でのみ個人情
報を管理している場合は、技術的安全管理措置を講じる必要はない（委員
会Q＆A10−17）。

<u>正解　2 ）</u>

2－27　個人データの保管・廃棄・削除②

《問》個人データの保管・廃棄・削除に関する次の記述のうち、最も不適
　　切なものはどれか。
　1）金融分野における個人情報取扱事業者は、個人データの保管・保存
　　　段階における取扱規程について、「個人データへのアクセス制御」
　　　として、入室者による不正行為防止のための業務実施場所等の入退
　　　室管理の実施を行うことが望ましい。
　2）個人情報取扱事業者は、利用する必要がなくなった個人データにつ
　　　いて遅滞なく消去するよう努めなければならないため、個人データ
　　　を消去する時期に関して、事業者のデータ管理のサイクル等の実務
　　　上の都合に配慮することは認められていない。
　3）個人情報取扱事業者が個人データの記録された機器を廃棄する場
　　　合、専用のデータ削除ソフトウェアを利用することも認められる。
　4）個人情報取扱事業者が個人データを削除した場合は、削除した記録
　　　を保存することが重要である。

・解説と解答・

1）適切である（金融分野実務指針7－3－1）。
2）不適切である。「遅滞なく」が示す具体的な期間は、個人データの取扱状
　　況等により異なるが、業務の遂行上の必要性や引き続き当該個人データを
　　保管した場合の影響等も勘案し、必要以上に長期にわたることのないよう
　　にする必要があると解される。他方、事業者のデータ管理のサイクル等、
　　実務上の都合に配慮することも認められている（委員会Q＆A5－3）。
3）適切である。個人情報取扱事業者が個人データの記録された機器を廃棄す
　　る場合の一手法として認められている（委員会ガイドライン（通則編）10
　　－5⑷の手法の例示）。
4）適切である。個人データを削除した場合、または個人データが記録された
　　機器、電子媒体を廃棄した場合には、削除または廃棄した記録を保存する
　　ことが重要である（委員会ガイドライン（通則編）10－5⑷）。

正解　2）

2−28　個人データの漏えい、滅失、き損①

《問》金融分野における個人情報取扱事業者の個人データの漏えい、滅失、き損に関する次の記述のうち、最も不適切なものはどれか。
1）金融分野における個人情報取扱事業者は、取り扱う個人情報の漏えい等が発生したおそれがある事態を知ったときは、監督当局に報告することとする。
2）漏えい等が発生し、または発生したおそれがある個人顧客に関する個人データについて、「高度な暗号化その他の個人の権利利益を保護するために必要な措置」が講じられている場合、監督当局に報告する必要はない。
3）個人データの「き損」とは、個人データの内容が意図しない形で変更されたり、内容を保ちつつも利用不能な状態となることをいう。
4）個人データについて暗号化処理された電磁的記録媒体の復元キーを失念して復元不能となった場合、個人データの「き損」に当たる。

・解説と解答・

1）適切である（金融分野ガイドライン11条2項、金融分野Ｑ＆Ａ問Ⅴ−2(3)）。
2）不適切である。漏えい等が発生し、または発生したおそれがある個人顧客に関する個人データについて、「高度な暗号化その他の個人の権利利益を保護するために必要な措置」が講じられている場合であっても、各業法に基づく報告を行う必要がある（金融分野Ｑ＆Ａ問Ⅴ−2(2)）。
3）適切である（金融分野Ｑ＆Ａ問Ⅴ−1）。
4）適切である（金融分野Ｑ＆Ａ問Ⅴ−1⑤）。

正解　2）

2－29 個人データの漏えい、滅失、き損②

《問》個人情報等の漏えい、滅失、き損に関する次の記述のうち、最も不
適切なものはどれか。

1）金融分野における個人情報取扱事業者は、個人情報等の漏えい事案
等の事故が発生した場合、二次被害防止等の観点から、その事実関
係および再発防止策等を早急に公表することとされている。

2）金融分野における個人情報取扱事業者は、漏えい等事案への対応の
段階における取扱規程において、①対応部署の役割・責任、②漏え
い等事案への対応に関する取扱者の限定、③漏えい等事案への対応
の規程外作業に関する申請および承認手続、④漏えい等事案の影
響・原因等に関する調査手続、⑤再発防止策・事後対策の検討に関
する手続、⑥自社内外への報告に関する手続、⑦漏えい等事案への
対応状況の記録および分析、に関する事項を定めなければならない。

3）金融分野における個人情報取扱事業者は、「個人データの漏えい等
防止策」として、個人データの保護策を講じるとともに、障害発生
時の技術的対応・復旧手続を整備しなければならない。

4）金融分野における個人情報取扱事業者において、個人データを格納
しているサーバにアクセス権限を有する端末において、通常の業務
で必要としないアクセスによりデータが窃取された痕跡が認められ
た場合は、従業員による個人データの持ち出しの事案について、
「漏えい」が発生したおそれがある事態には該当しない。

・解説と解答・

1）適切である。金融分野実務指針7－6－1には、個人情報等の漏えい事案
等の事故が発生した場合における公表について規定されている。

2）適切である（金融分野実務指針7－6）。

3）適切である。個人データの保護策として、蓄積データや伝送データの漏え
い防止策やコンピュータウイルス等不正プログラムへの防御対策等の措置
を講じなければならない（金融分野実務指針5－4、5－4－1、5－4
－2）。

4）不適切である。従業員による個人データの持ち出しの事案について、「漏
えい」が発生したおそれがある事態に該当し得る事例としては、例えば、

個人データを格納しているサーバや、当該サーバにアクセス権限を有する端末において、通常の業務で必要としないアクセスによりデータが窃取された痕跡が認められた場合が考えられる（金融分野Q＆A問Ⅴ－1②）。

<u>正解　4）</u>

2-30 保有個人データの開示請求等①

《問》X社における保有個人データの開示請求に関する次の記述のうち、最も適切なものはどれか。

1）X社が、本人から、当該本人が識別される保有個人データの開示請求を受けたときは、法令に定める例外の場合を除き、本人に対し、書面の交付による方法により、遅滞なく、当該保有個人データを提供しなければならず、本人が同意したとしても、書面の交付以外の方法は認められていない。

2）X社が、任意代理人から開示請求等の請求を受けた場合、X社が本人に対してのみ直接開示等を行っても問題はない。

3）X社は、本人から開示請求を受けた保有個人データの全部または一部を開示しない旨を決定したとしても、本人に対しその旨を通知する義務はない。

4）X社は、本人から開示請求を受けた保有個人データの開示を行う際に、手数料を徴収することはできない。

・解説と解答・

1）不適切である。委員会ガイドラインでは、開示の請求を行った者から開示の方法について特に指定がなく、個人情報取扱事業者が提示した方法に対して異議を述べなかった場合は、当該個人情報取扱事業者が提示した方法で開示することができるとされている。（委員会ガイドライン（通則編）3-8-2（※1））。

2）適切である。金融分野ガイドライン18条2項では、任意代理人（個人情報保護法施行令13条2号の代理人）による開示等の請求等に対して、事業者が本人のみに直接開示等をすることは妨げられないとされている。

3）不適切である。個人情報保護法33条3項において、「保有個人データの全部又は一部について開示しない旨の決定をしたとき……は、本人に対し、遅滞なく、その旨を通知しなければならない」と定められている。

4）不適切である。手数料の額は、保有個人データの種類等を勘案する必要があり、統一的な相場を示すことが難しいため、実費を予測して平均的単価を算出して定めることが望ましいとされている（個人情報保護法38条1項・2項、委員会Q＆A9-27）。

正解　2）

2-31　保有個人データの開示請求等②

《問》X社における保有個人データの開示請求等に関する次の記述のうち、最も不適切なものはどれか。

1) X社は、保有個人データの開示請求を本人から受けた場合であって、当該本人を識別できる保有個人データが存在しないときは、その旨を回答しなければならない。
2) X社は、本人からの利用停止の求めに応じて利用停止を行ったときだけでなく、利用停止を行わない旨を決定したときも、本人に対し遅滞なくその旨を通知しなければならない。
3) X社は、犯罪収益移転防止法に基づく「疑わしい取引の届出」の内容に係る個人データにつき開示請求を受けた場合、当該届出に係る本人にその内容を開示することができる。
4) X社において、保有個人データを開示することにより、企業秘密の保護の必要性が、本人が個人情報取扱事業者における保有個人データの取扱い等を把握する必要性を上回る特別の事情がある場合は、開示を拒否することができる。

・解説と解答・

1) 適切である。保有個人データの開示請求を本人から受けた場合であって、当該本人を識別できる保有個人データが存在しないときは、その旨を回答しなければならない（個人情報保護法33条3項、委員会ガイドライン（通則編）3-8-2）。

2) 適切である（個人情報保護法35条7項、委員会ガイドライン（通則編）3-8-5）。個人情報取扱事業者に対する利用停止・消去等の個人の請求権については、個人情報保護法35条に規定がある。本人が識別される保有個人データが目的外利用、不正取得されたものであるときは、当該保有個人データの利用の停止または消去（利用停止等）を請求することができる（同条1項）。本人が識別される保有個人データが第三者提供義務に違反して第三者に提供されているときは、当該保有個人データの第三者への提供の停止を請求することができる（同条3項）。本人が識別される保有個人データを当該個人情報取扱事業者が利用する必要がなくなった場合、当該本人が識別される保有個人データに係る重大な漏えい等が生じた場合その

　他当該本人が識別される保有個人データの取扱いにより当該本人の権利または正当な利益が害されるおそれがある場合には、当該保有個人データの利用停止等または第三者への提供の停止を請求することができる（同条5項）。

3）不適切である。本人からの求めがあった場合でも、他の法令に違反することとなる場合は、当該請求のあった保有個人データの開示につき、一部または全部を開示しないことができる。犯罪収益移転防止法8条は、特定事業者は疑わしい取引の届出を行ったことを当該疑わしい取引の届出に係る顧客等またはその者の関係者に漏らしてはならないとしており、当該届出事項に係る保有個人データの開示請求については、応じてはならない（個人情報保護法33条2項3号）。

4）適切である（金融分野ガイドライン16条）。

正解　3）

第 3 章

社内管理体制、漏えい対応等

3-1　個人情報保護宣言（プライバシーポリシー）①

《問》X社の個人情報保護宣言（プライバシーポリシー）に関する次の記述のうち、最も不適切なものはどれか。

1）X社は、個人情報保護関係法令等の遵守、個人情報を目的外に利用しないことおよび苦情処理に適切に取り組むこと等の個人情報保護への取組方針の宣言については、個人情報保護宣言（プライバシーポリシー）に盛り込む必要があるが、当該宣言を公表する必要はない。

2）X社は、保有個人データについて、本人から求めがあった場合には、ダイレクトメールの発送停止など、自主的に利用停止等に応じることを個人情報保護宣言（プライバシーポリシー）に盛り込むことが望ましいとされている。

3）X社は、委託の有無、委託する事務の内容を明らかにする等、委託処理の透明化を進めることを個人情報保護宣言（プライバシーポリシー）に盛り込むことが望ましいとされている。

4）X社は、個人情報の取得元またはその取得方法（取得源の種類等）を個人情報保護宣言（プライバシーポリシー）に可能な限り具体的に明記することが望ましいとされている。

・解説と解答・

1）不適切である。「インターネットのホームページへの常時掲載又は事務所の窓口等での掲示・備付け等により、公表することとする」（金融分野ガイドライン20条1項）。

2）適切である。ダイレクトメールの中止については、個人情報保護宣言（プライバシーポリシー）にできるだけ盛り込むことが望ましいとされている（金融分野ガイドライン20条2項1号）。その他、「できるだけ盛り込むことが望ましい」とされているのは、次の通り。

・委託の有無、委託する事務の内容を明らかにする等、委託処理の透明化を進めること

・事業者がその事業内容を勘案して顧客の種類ごとに利用目的を限定して示したり、事業者が本人の選択による利用目的の限定に自主的に取り組むなど、本人にとって利用目的がより明確になるようにすること

・個人情報の取得元またはその取得方法（取得源の種類等）を可能な限り具体的に明記すること

3）適切である（金融分野ガイドライン20条2項2号）。

4）適切である（金融分野ガイドライン20条2項4号）。

<u>正解　1）</u>

3－2　個人情報保護宣言（プライバシーポリシー）②

《問》金融分野ガイドラインに照らし、個人情報保護宣言（プライバシーポリシー）に関する次の記述のうち、最も不適切なものはどれか。

1) 個人情報保護宣言（プライバシーポリシー）には、例えばその内容の1つとして、関係法令等の遵守、個人情報を目的外に利用しないこと、苦情処理に適切に取り組むこと等の個人情報保護への取組方針の宣言が挙げられている。
2) 個人情報保護宣言（プライバシーポリシー）には、事業活動の特性、規模および実態に応じて、個人情報の取得元またはその取得方法を可能な限り具体的に明記することを考慮した記述をできるだけ盛り込むことが望ましいとされている。
3) 個人情報保護宣言（プライバシーポリシー）には、事業活動の特性、規模および実態に応じて、委託の有無、委託する事務の内容を明らかにする等、委託処理の透明化を進めることを考慮した記述をできるだけ盛り込むことが望ましいとされている。
4) 個人情報保護宣言（プライバシーポリシー）の公表は、すべて事務所の窓口での掲示・備付けによらなければならないとされている。

・解説と解答・

1) 適切である。金融分野ガイドライン20条1項において、「例えば、次に掲げる内容を…公表することとする」とされている。具体的には次の通り。
・関係法令等の遵守、個人情報を目的外に利用しないことおよび苦情処理に適切に取り組むこと等、個人情報保護への取組方針の宣言
・個人情報保護法21条における個人情報の利用目的の通知・公表等の手続についての分かりやすい説明
・同法32条における開示等の手続等、個人情報の取扱いに関する諸手続についての分かりやすい説明
・個人情報の取扱いに関する質問および苦情処理の窓口
2) 適切である（金融分野ガイドライン20条2項4号）。
3) 適切である（金融分野ガイドライン20条2項2号）。
4) 不適切である。個人情報保護宣言の公表は、「インターネットのホームページへの常時掲載又は事務所の窓口等での掲示・備付け等により」行う

とされており（金融分野ガイドライン20条１項柱書）、公表方法を窓口での掲示・備付けに限定していない。

正解　4）

3－3　個人情報取扱事業者の社内管理・運営体制①

《問》金融分野における個人情報取扱事業者が講ずべき個人情報保護のための社内管理・運営責任体制に関する次の記述のうち、最も不適切なものはどれか。

1）個人データ管理責任者は、株式会社組織の場合、役職者であればよく、取締役または執行役等の業務執行に責任を有する者である必要はないとされている。

2）個人データの管理責任者等の設置として、個人データの取扱いの点検・改善等の監督を行う部署または合議制の委員会を設置することが望ましいとされている。

3）安全管理に係る取扱規程における「個人データへのアクセス制御」として、スマートフォンやパソコン等の記録機能を有する機器の接続制限等の措置を定めることが望ましいとされている。

4）個人データ取扱部署が単一である事業者においては、個人データ管理責任者が個人データ管理者を兼務することも認められる。

・解説と解答・

1）不適切である。個人データの安全管理に係る業務遂行の総責任者である個人データ管理責任者は、株式会社組織であれば、取締役または執行役等の業務執行に責任を有する者でなければならない（金融分野実務指針2－1）。

2）適切である（金融分野実務指針2－1注書）。

3）適切である（金融分野実務指針7－1注書③）。

4）適切である（金融分野実務指針2－1）。

正解　1）

3－4　個人情報取扱事業者の社内管理・運営体制②

《問》金融分野における個人情報取扱事業者が講ずべき個人情報保護のための社内管理・運営責任体制に関する次の記述のうち、最も不適切なものはどれか。

1) 金融分野における個人情報取扱事業者は、「個人データの管理責任者等の設置」として、原則として、①個人データの安全管理に係る業務遂行の総責任者である個人データ管理責任者、②個人データを取り扱う各部署における個人データ管理者をそれぞれ選任、設置する必要がある。

2) 金融分野における個人情報取扱事業者は、安全管理に係る取扱規程における「個人データへのアクセス制御」として、盗難等の防止のための措置として、記録機能を持つ媒体の持込み・持出しの禁止または検査の実施を定めることが望ましいとされている。

3) 金融分野における個人情報取扱事業者は、「就業規則等における安全管理措置の整備」として、①個人データの取扱いに関する従業者の役割・責任、②違反時の懲戒処分について就業規則等で定めなければならないが、個々の従業者との間で個人データの非開示契約等の締結をすることは不要である。

4) 金融分野における個人情報取扱事業者は、「個人データの取扱状況を確認できる手段の整備」として、①取得項目、②利用目的、③保管場所・保管方法・保管期限、④管理部署、⑤アクセス制御の状況を含む台帳等を整備する必要がある。

・解説と解答・

1) 適切である（金融分野実務指針2－1）。

2) 適切である（金融分野実務指針7－1注書②）。

3) 不適切である。選択肢で掲げる事項を就業規則等に定めるとともに、従業者との個人データの非開示契約等の締結を行わなければならない（金融分野実務指針2－2）。

4) 適切である（金融分野実務指針2－4）。

正解　3)

3－5　個人情報取扱事業者の社内管理・運営体制③

《問》金融分野における個人情報取扱事業者による個人データの点検や監査に関する次の記述のうち、最も適切なものはどれか。

1）個人データ取扱部署が単一である個人情報取扱事業者であっても、点検により監査を代替することは認められない。

2）監査の実施にあたっては、監査対象となる個人データ取扱部署以外から監査責任者を選任する必要があるが、監査担当者は、監査対象となる当該個人データ取扱部署から、業務に精通した者を選任することが望ましいとされている。

3）個人データの取扱状況に関する点検および監査の規程には、点検・監査の目的と実施部署、点検・監査の責任者および担当者の役割と責任、点検・監査に関する手続を定めなければならない。

4）機微（センシティブ）情報に該当する生体認証情報の取扱いに関し、外部監査を行うとともに、その他の機微（センシティブ）情報の取扱いについては、必要に応じて、内部点検を行わなければならない。

・解説と解答・

1）不適切である。個人データ取扱部署が単一である個人情報取扱事業者においては、点検により監査を代替することも認められる。一方、これに該当しない金融分野における個人情報取扱事業者は、個人データの取扱状況に関する点検および監査の規程を制定する必要がある（金融分野ガイドライン8条7項(1)③、金融分野実務指針1－3）。

2）不適切である。監査の実施にあたっては、監査対象となる個人データ取扱部署以外から監査責任者・監査担当者を選任し、監査主体の独立性を確保することが求められている。なお、監査部署が監査業務等により個人データを取り扱う場合には、監査部署における個人データの取扱いについて、個人データ責任者が特に任命する者がその監査を実施しなければならない（金融分野実務指針2－5－2）。

3）適切である。金融分野における個人情報取扱事業者は、金融分野ガイドラインに基づき選択肢で掲げる事項を定めるとともに、必要に応じて規程の見直しを行わなければならない（同ガイドライン8条7項(1)③、金融分野

実務指針1－3）。

4）不適切である。金融分野における個人情報取扱事業者は、監査の実施にあたっては、機微（センシティブ）情報に該当する生体認証情報の取扱いに関し、外部監査を行うとともに、必要に応じて、その他の機微（センシティブ）情報の取扱いについても外部監査を行うことが求められている（金融分野実務指針8－2）。

<u>正解　3）</u>

3－6　個人情報取扱事業者の社内管理・運営体制④

《問》金融分野における個人情報取扱事業者が講ずべき個人情報保護のための社内管理・運営責任体制に関する次の記述のうち、最も不適切なものはどれか。

1）「個人データの安全管理に係る取扱規程に従った運用」として、個人データの安全管理に係る取扱規程に従った体制を整備し、当該取扱規程に従った運用を行うとともに、取扱規程で規定する事項の遵守状況の記録および確認を行わなければならない。

2）「個人データの取扱状況を確認できる手段の整備」として、台帳等を整備する必要があるが、その内容については、各個人情報取扱事業者の裁量に委ねられている。

3）「個人データの取扱状況の点検及び監査体制の整備と実施」として、原則として、個人データを取り扱う部署が自ら行う点検体制を整備し、点検を実施するとともに、当該部署以外の者による監査体制を整備し、監査を実施しなければならない。

4）個人データを取り扱う部署において、点検責任者および点検担当者を選任するとともに、点検計画を策定することにより点検体制を整備し、定期的および臨時の点検を実施しなければならない。

・解説と解答・

1）適切である（金融分野実務指針2－3）。
2）不適切である。「個人データの取扱状況を確認できる手段の整備」として、台帳等を整備する必要があるが、その内容については、①取得項目、②利用目的、③保管場所・保管方法・保管期限、④管理部署、⑤アクセス制御の状況を含むものでなければならない（金融分野実務指針2－4）。
3）適切である（金融分野実務指針2－5）。
4）適切である（金融分野実務指針2－5－1）。

<u>正解　2）</u>

3－7　個人データの安全管理措置①

《問》金融分野における個人情報取扱事業者が講ずべき個人データの安全
管理措置に関する次の記述のうち、最も不適切なものはどれか。

1）個人データの「組織的安全管理措置」とは、個人データの安全管理
措置について従業者の責任と権限を明確に定め、安全管理に関する
規程等を整備・運用し、その実施状況の点検・監査を行うこと等の
個人情報取扱事業者の体制整備および実施措置をいう。

2）個人データの安全管理措置は、個人データが漏えい等をした場合に
本人が被る権利利益の侵害の大きさを考慮し、事業の性質、個人
データの取扱状況および個人データを記録した媒体の性質等に起因
するリスクに応じたものとする。

3）金融分野における個人情報取扱事業者は、その取り扱う個人データ
の漏えい等の防止その他の個人データの安全管理のため、安全管理
に係る基本方針・取扱規程等の整備および安全管理措置に係る実施
体制の整備等の必要かつ適切な措置を講じなければならない。

4）不特定多数者が書店で随時に購入可能な名簿で、個人情報取扱事業
者においてまったく加工をしていないものを処分する際に、シュ
レッダー等による処理を行わずに廃棄し、または廃品回収に出した
場合、個人情報取扱事業者の安全管理措置の義務違反となる。

・解説と解答・

1）適切である（金融分野ガイドライン8条2項）。

2）適切である（金融分野ガイドライン8条1項）。

3）適切である（金融分野ガイドライン8条1項）。

4）不適切である。一般的に購入可能でかつ事業者が加工をしていない名簿類
については、個人の権利利益を侵害するおそれは低いと考えられることか
ら、それを処分するためにシュレッダー等による処理を行わずに廃棄し、
または廃品回収に出したとしても、個人情報取扱事業者の安全管理措置の
義務違反にはならない（金融分野ガイドライン8条1項）。

正解　4）

3－8 個人データの安全管理措置②

《問》金融分野における個人情報取扱事業者が講ずべき個人データの安全
管理措置に関する次の記述のうち、最も不適切なものはどれか。

1）個人データの「技術的安全管理措置」とは、個人データおよびそれ
を取り扱う情報システムへのアクセス制御および情報システムの監
視等、個人データの安全管理に関する技術的な措置をいう。

2）個人データの「人的安全管理措置」とは、従業者との個人データの
非開示契約等の締結および従業者に対する教育・訓練等を実施し、
個人データの安全管理が図れるよう従業者を監督することをいう。

3）個人情報保護法における従業者や業務委託先に対する必要かつ適切
な監督義務は、個人データの安全管理措置の一環とはいえない。

4）個人データの安全管理措置においては、個々の人に依存するだけで
はない物理的および技術的な対策も講じる必要がある。

・解説と解答・

1）適切である（金融分野ガイドライン8条5項）。

2）適切である（金融分野ガイドライン8条3項）。

3）不適切である。個人情報取扱事業者は、個人データの安全管理が図れるよ
う、当該従業者に対する必要かつ適切な監督を行わなければならず（個人
情報保護法24条）、また、個人データの取扱いの全部または一部を委託す
る場合は、委託を受けた者に対する必要かつ適切な監督を行わなければな
らない（同法25条）。なお、金融分野ガイドライン9条、10条および金融
分野実務指針Ⅱ、Ⅲにも同様の規定がある。

4）適切である。個人データの安全管理を図るためには、組織体制を整備し、
あるいは人的な対応をしていても、それだけでは外部からの悪意をもった
攻撃や不正なアクセスを防ぐことはできないうえ、ヒューマンエラーなど
を完全になくすことも困難であることから、安全管理措置においては「組
織的安全管理措置」、「人的安全管理措置」に加えて、「物理的安全管理措
置」および「技術的安全管理措置」を講じる必要がある（金融分野ガイド
ライン8条8項）。

（組織的安全管理措置）

①個人データの管理責任者等の設置

②就業規則等における安全管理措置の整備

③個人データの安全管理に係る取扱規程に従った運用

④個人データの取扱状況を確認できる手段の整備

⑤個人データの取扱状況の点検および監査体制の整備と実施

⑥漏えい等事案に対応する体制の整備

（人的安全管理措置）

①従業者との個人データの非開示契約等の締結

②従業者の役割・責任等の明確化

③従業者への安全管理措置の周知徹底、教育および訓練

④従業者による個人データ管理手続の遵守状況の確認

（物理的安全管理措置）

①個人データの取扱区域等の管理

②機器および電子媒体等の盗難等の防止

③電子媒体等を持ち運ぶ場合の漏えい等の防止

④個人データの削除および機器、電子媒体等の廃棄

（技術的安全管理措置）

①個人データの利用者の識別および認証

②個人データの管理区分の設定およびアクセス制御

③個人データへのアクセス権限の管理

④個人データの漏えい等防止策

⑤個人データへのアクセスの記録および分析

⑥個人データを取り扱う情報システムの稼働状況の記録および分析

⑦個人データを取り扱う情報システムの監視および監査

<u>正解　3）</u>

3−9　顧客への説明・苦情処理①

《問》X社における個人情報の取扱いに係る苦情処理に関する次の記述のうち、最も不適切なものはどれか。

1）X社は、個人情報保護に関する関係法令等の遵守、個人情報を目的外に利用しないことおよび苦情処理に適切に取り組むこと等、個人情報保護への取組方針を盛り込んだ個人情報保護宣言（プライバシーポリシー）を策定し、適宜の方法で公表することとする。

2）X社は、個人情報の取扱いに関する苦情の適切かつ迅速な処理に努めなければならず、この目的を達成するために必要な体制の整備に努めなければならない。

3）X社は、苦情の適切かつ迅速な処理を行うにあたり、苦情処理窓口の設置や苦情処理の手順を定める等、必要な体制の整備に努める義務があるが、X社における個人情報の取扱いに関する苦情の申出先を公表する義務はない。

4）X社が、グループ会社と個人データを共同利用する場合、個人データの管理について責任を有する者の氏名または名称をあらかじめ本人に通知または本人が容易に知り得る状態に置かなければならない。

・解説と解答・

1）適切である（金融分野ガイドライン20条1項1号）。

2）適切である（個人情報保護法40条1項・2項）。

3）不適切である。保有個人データの取扱いに関する苦情の申出先は、本人の知り得る状態に置かなければならない（委員会ガイドライン（通則編）3−9）。

4）適切である（個人情報保護法27条5項3号）。なお、「個人データの管理について責任を有する者」とは、「開示等の請求及び苦情を受け付け、その処理に尽力するとともに、個人データの内容等について、開示、訂正、利用停止等の権限を有し、安全管理等個人データの管理について責任を有する者」をいう（委員会ガイドライン（通則編）3−6−3(3)）。

正解　3）

3−10　顧客への説明・苦情処理②

《問》X社における個人情報の取扱いに係る苦情処理に関する次の記述の
うち、最も不適切なものはどれか。
1）X社は、個人情報の取扱いに関する苦情を受けたときは、適切かつ
迅速な処理を行うよう努める必要がある。
2）X社は、苦情処理に必要な体制の整備に努めなければならず、その
内容の1つとして、苦情処理にあたる従業者への十分な教育・研修
が考えられる。
3）X社は、苦情が無理な要求を内容とするものであったとしても、本
人からの苦情に関する対応を打ち切ることは許されない。
4）X社は、苦情の適切かつ迅速な処理を行うための体制整備にあた
り、例えば、JISQ10002「品質マネジメント－顧客満足－組織にお
ける苦情対応のための指針」等を参考にすることができる。

・解説と解答・

1）適切である。個人情報保護法40条1項は、「個人情報の取扱いに関する苦
情の適切かつ迅速な処理に努めなければならない」と定めており、苦情対
応については、適切さと迅速さの両方が求められる。
2）適切である。個人情報保護法40条2項は、苦情の適切かつ迅速な処理とい
う「目的を達成するために必要な体制の整備」に努めなければならないと
定めており、具体的な内容としては、苦情処理窓口の設置や苦情処理の手
順の定め、苦情処理にあたる従業者への十分な研修・教育を行うことが考
えられる（委員会ガイドライン（通則編）3−9、金融分野ガイドライン
19条）。
3）不適切である。委員会ガイドライン（通則編）3−9では、「無理な要求
にまで応じなければならないものではない」とされており、無理な要求を
内容とする苦情については、対応打切りが許される場合がある。
4）適切である。苦情の適切かつ迅速な処理を行うための体制整備にあたり、
例えばJISQ10002「品質マネジメント－顧客満足－組織における苦情対応
のための指針」等を参考にすることができる（委員会Q&A9−31）。

<u>正解　3）</u>

3-11 個人情報等の漏えい等事案と対応策①

《問》X社における個人データおよび個人情報の漏えい等事案に関する次の記述のうち、最も不適切なものはどれか。

1）X社は、漏えい等事案に対応する体制の整備として、①対応部署、②漏えい等事案の影響・原因等に関する調査体制、③再発防止策・事後対策の検討体制、④自社内外への報告体制を定めなければならない。

2）X社は、個人データに該当する顧客の取引内容を、本人の同意を得ずに本人の家族に伝えた場合、個人データの漏えいとなるおそれがある。

3）FAXやメールの誤送信による個人情報の漏えいについては、漏えいした情報量や二次被害発生の可能性などを検討し、直ちに当局へ報告する必要性が低いとX社が判断した場合には、四半期に1回程度にまとめて、監督当局に報告してもさしつかえない。

4）個人データの提供者であるX社が、仮に顧客の同意を得て個人データを第三者に提供し、当該提供を受けた先が個人データを漏えいした場合、X社は当局に対し報告義務を負うこととされている。

・解説と解答・

1）適切である。金融分野における個人情報取扱事業者は、組織的安全管理措置として「漏えい等事案に対応する体制の整備」を行わなければならない。漏えい等事案に対応する体制の整備として、①対応部署、②漏えい等事案の影響・原因等に関する調査体制、③再発防止策・事後対策の検討体制、④自社内外への報告体制を定めなければならないとされている（金融分野実務指針2-6）。

2）適切である。個人情報取扱事業者は、一定の場合を除き、あらかじめ本人の同意を得ないで個人データを第三者に提供することが禁じられている（個人情報保護法27条1項）。

3）適切である。金融分野Q&A問V-8②では、「FAXの誤送信、郵便物等の誤送付及びメール誤送信などについては、個人情報取扱事業者が個別の事案ごとに、漏えい等した情報の量、機微（センシティブ）情報の有無及び二次被害や類似事案の発生の可能性等を検討し「速やかに」報告を行う

必要性が低いと判断したものであれば、業務の手続きの簡素化を図る観点から、四半期に 1 回程度にまとめて監督当局に報告することも差し支えありません」としている。

4 ）不適切である。金融分野 Q ＆ A 問 V － 10において、「金融機関が本人同意を得て「個人データ」を第三者に提供した後、提供先の第三者において当該「個人データ」が漏えい等したとしても、提供先の金融機関は漏えい等報告の義務を負いません。他方、金融機関が個人データの取扱いの委託（個人情報保護法第27条第 5 項第 1 号）に伴って「個人データ」を委託先に提供した後、委託先において当該「個人データ」が漏えい等した場合には、原則として、委託元と委託先の双方が漏えい等報告の義務を負うことになります」とされている。

正解　4 ）

3-12　個人情報等の漏えい等事案と対応策②

《問》個人データの漏えい事案が発生したＸ社はまず、社内での報告および被害の拡大防止措置を行った。Ｘ社がその後に漏えい事案の内容等に応じて、検討することになる必要な措置に関する次の記述のうち、適切なものはいくつあるか。
- (a)　事実関係の調査および原因の究明
- (b)　影響範囲の特定
- (c)　再発防止策の検討および実施
- (d)　個人情報保護委員会への報告および本人への通知
 1）1つ
 2）2つ
 3）3つ
 4）4つ

・解説と解答・

(a)　適切である。個人情報取扱事業者は、漏えい等事案が発覚した場合は、漏えい等事案の内容等に応じて、次に掲げる事項について必要な措置を講じなければならない（委員会ガイドライン（通則編）3-5-2）。
 ・事業者内部における報告および被害の拡大防止
 ・事実関係の調査および原因の究明
 ・影響範囲の特定
 ・再発防止策の検討および実施
 ・個人情報保護委員会への報告および本人への通知
(b)　適切である。
(c)　適切である。
(d)　適切である。

<u>正解　4）</u>

3－13　個人情報等の漏えい等事案と対応策③

《問》個人情報保護法において、個人データの漏えい、滅失、き損その他の個人データの安全の確保に係る事態であって個人の権利利益を害するおそれが大きいものとして個人情報保護委員会規則で定めるものが生じたときは、当該事態が生じた旨を個人情報保護委員会に報告しなければならないこととされているが、「個人情報保護委員会規則で定めるもの」に関する次の記述のうち、最も不適切なものはどれか。

1）要配慮個人情報が含まれる個人データの漏えい、滅失もしくはき損が発生し、または発生したおそれがある事態
2）不正に利用されることにより財産的被害が生じるおそれがある個人データの漏えい、滅失もしくはき損が発生し、または発生したおそれがある事態
3）不正の目的をもって行われたおそれがある当該個人情報取扱事業者に対する行為による個人データ（当該個人情報取扱事業者が取得し、または取得しようとしている個人情報であって、個人データとして取り扱われることが予定されているものを含む）の漏えい等が発生し、または発生したおそれがある事態
4）個人データに係る本人の数が100人を超える漏えい、滅失もしくはき損が発生し、または発生したおそれがある事態

・解説と解答・

1）適切である（個人情報保護法26条1項、同法施行規則7条）。
2）適切である（個人情報保護法26条1項、同法施行規則7条）。
3）適切である（個人情報保護法26条1項、同法施行規則7条）。
4）不適切である（個人情報保護法26条1項、同法施行規則7条）。個人データの漏えい、滅失、き損その他の個人データの安全の確保に係る事態であって個人の権利利益を害するおそれが大きいものとして個人情報保護委員会規則で定めるものとして選択肢1～3の事態のほか、個人データに係る本人の数が1000人を超える漏えい、滅失もしくはき損が発生し、または発生したおそれがある事態がある。

<u>正解　4）</u>

3-14 各種カメラ使用時における留意点

《問》X社が各種カメラを使用する際の個人情報保護法上の留意点に関する次の記述のうち、最も不適切なものはどれか。

1) 新型コロナウイルス感染症対策のために導入したサーマルカメラ（赤外線を検知して温度を計測するカメラ）が特定の個人を識別することができる顔画像等を取得している場合であっても、個人情報保護法の規律は適用されない。

2) 当初防犯目的のために取得したカメラ画像やそこから得られた顔特徴データを、マーケティング等の商業目的のために利用する場合には、あらかじめ本人の同意を得なければならない。

3) カメラ画像から抽出した性別や年齢といった属性情報や、人物を全身のシルエット画像等に置き換えて作成した店舗等における移動軌跡データ（人流データ）のみであれば、個人情報に該当しない。

4) 店舗に設置したカメラにより画像を取得し、そこから顔特徴データを抽出して、これを防犯目的で利用する場合（顔識別機能付きカメラシステム）、犯罪防止目的であることだけではなく、顔識別機能を用いていることも明らかにして、利用目的を特定しなければならない。

・解説と解答・

1) 不適切である。サーマルカメラにより特定の個人を識別することができる顔画像等の個人情報を取得している場合、当該カメラを使用する事業者等は、個人情報を取り扱っていることになる。また、当該カメラにより取得した個人情報に該当する顔画像を含む情報の集合物が、特定の個人に係る画像情報を検索することができるようになっている等、電子計算機を用いて特定の個人情報を検索することができるよう体系的に構成されている場合には、当該顔画像を含む情報の集合物は個人情報データベース等に該当する（個人情報保護委員会「サーマルカメラを使用する場合の個人情報保護法上の留意点について（注意喚起）」2023年9月13日）。

2) 適切である（委員会Q&A1-15）。

3) 適切である。性別や年齢といった属性情報や、全身のシルエット画像等に置き換えて作成した店舗等における移動軌跡データ（人流データ）のみで

あれば、抽出元のカメラ画像や個人識別符号等特定の個人を識別することができる情報と容易に照合することができる場合を除き、個人情報には該当しない（委員会Q＆A1−12）。

4）適切である。顔識別機能付きカメラシステムにより特定の個人を識別することができるカメラ画像やそこから得られた顔特徴データを取り扱う場合、個人情報を取り扱うことになるため、利用目的をできる限り特定し、当該利用目的の範囲内でカメラ画像や顔特徴データ等を利用しなければならない。具体的には、どのような個人情報の取扱いが行われているかを本人が利用目的から合理的に予測・想定できる程度に利用目的を特定しなければならないため、従来型防犯カメラの場合と異なり、犯罪防止目的であることだけではなく、顔識別機能を用いていることも明らかにして、利用目的を特定しなければならない（委員会Q＆A1−14）。

<u>正解　1）</u>

3－15　認定個人情報保護団体の役割①

《問》個人情報保護委員会および認定個人情報保護団体に関する次の記述のうち、最も適切なものはどれか。

1）認定個人情報保護団体とは、業界・事業分野ごとの民間による個人情報の保護の推進を図るため、自主的な取組みを行うことを目的として、個人情報保護委員会の認定を受けた法人（法人でない団体で代表者または管理人の定めのあるものを含む）である。

2）認定個人情報保護団体の個人情報保護指針を作成するのは、個人情報保護委員会である。

3）個人情報保護委員会による指導には法的拘束力はなく、報告徴収や立入検査に適切に応じない場合であっても、罰金等に処せられることはない。

4）認定個人情報保護団体でない者も、個人情報保護を目的とするのであれば、認定個人情報保護団体という名称を使用することができる。

・解説と解答・

1）適切である。認定個人情報保護団体は、個人情報保護委員会の認定を受けて個人情報取扱事業者等の個人情報等の適正な取扱いの確保を目的として、業務の対象となる個人情報取扱事業者等に係る苦情処理や情報提供等の業務を行う民間の団体である（個人情報保護法47条1項各号）。認定個人情報保護団体は、対象事業者の全ての分野（部門）を対象として、その業務を行うことができる。また、対象事業者の事業の種類その他の業務の範囲を限定して、認定業務を行おうとする法人（例えば、特定分野（部門）の事業が業種横断的に行われている場合に、当該特定分野の個人情報等の取扱いを対象とする法人などが考えられる）を認定できる（委員会ガイドライン（認定個人情報保護団体編）3）。

2）不適切である。指針を作成するよう努める主体は、個人情報保護委員会ではなく認定個人情報保護団体である（同法54条1項）。

3）不適切である。個人情報保護委員会による指導、助言には法的拘束力はないが、報告徴収や立入検査に適切に応じない場合には、罰金に処するものとされている（個人情報保護法182条）。

4）不適切である。認定個人情報保護団体でない者は、認定個人情報保護団体
　という名称またはこれに紛らわしい名称を用いてはならない（個人情報保
　護法56条）。

正解　　1）

3－16　認定個人情報保護団体の役割②

《問》X社における個人情報の取扱いに係る苦情処理に関する次の記述の
うち、最も不適切なものはどれか（本問における認定個人情報保護
団体は、X社を構成員としているものとする）。

1）認定個人情報保護団体は、本人等からX社の個人情報の取扱いに関
する苦情について解決の申出を受けた場合、その相談に応じる義務
がある。

2）認定個人情報保護団体は、本人等からX社の個人情報の取扱いに関
する苦情について解決の申出を受けた場合、X社に解決を任せるこ
となく、その苦情に係る調査を行ったうえで、当該団体自らが積極
的に当該苦情を解決する義務を負う。

3）認定個人情報保護団体は、本人等からX社の個人情報の取扱いに関
する苦情について解決の申出を受けた場合で、必要があると認める
ときは、X社に対し、文書もしくは口頭による説明を求めることが
できる。

4）X社は、認定個人情報保護団体から、本人の苦情に係る説明や資料
の提出を求められたとき、正当な理由がない場合は、これを拒否す
ることができない。

・解説と解答・

1）適切である。認定個人情報保護団体は、本人等から個人情報の取扱いに関
する苦情について解決の申出を受けた場合、その相談に応じる義務がある
（個人情報保護法53条1項）。

2）不適切である。認定個人情報保護団体は、本人等から個人情報の取扱いに
関する苦情について解決の申出を受けた場合、その相談に応じ、申出人に
必要な助言をし、その苦情に係る事情を調査するとともに、当該事業者に
対しその苦情を通知してその迅速な解決を求めなければならないとされて
いるが、自らが積極的に最終的な解決を図るという義務を負うものとまで
は解されていない（個人情報保護法53条1項）。

3）適切である。認定個人情報保護団体は、本人等から個人情報取扱事業者の
個人情報の取扱いに関する苦情について解決の申出を受け、必要があると
認めるときは、当該個人情報取扱事業者に対し、文書もしくは口頭による

説明を求め、または資料の提出を求めることができる（個人情報保護法53条2項）。

4）適切である。認定個人情報保護団体の会員は、当該団体から通知を受けた苦情に係る説明や資料の提出を求められたときは、正当な理由がないのに、これを拒むことはできない（個人情報保護法53条3項）。

<u>正解　2）</u>

3－17 従業者に関する個人情報管理上の留意点①

《問》X社における従業者に対する監督に関する次の記述のうち、最も不適切なものはどれか。

1）X社は、X社と雇用関係にある従業者のほか、雇用関係にない派遣社員や役員に個人データを取り扱わせるにあたっては、個人データの安全管理を図るため、必要かつ適切な監督を行わなければならない。

2）X社は、従業者による個人データの持出し等を防ぐため、社内での安全管理措置に定めた事項の遵守状況等の確認および従業者における個人データの保護に対する点検および監査制度を整備することが必要とされている。

3）X社は、従業者が、その業務に関して知り得た個人データを第三者に知らせないことや利用目的外に使用しないことを内容とする契約等を採用時等に締結しなければならないが、当該契約等は、従業者が職を退いた後についてまで当該制限を課すものである必要はない。

4）X社は、個人データの安全管理が図られるよう、適切な内部管理体制を構築し、その従業者に対する必要かつ適切な監督を行わなければならないが、この監督は、事業の性質および個人データの取扱状況等に起因するリスクに応じたものとするとされている。

・解説と解答・

1）適切である。監督対象である「従業者」には、事業者との間の雇用関係にない者（取締役、執行役、理事、監査役、監事、派遣社員等）も含まれる（個人情報保護法24条、金融分野ガイドライン9条2項）。

2）適切である（金融分野ガイドライン9条3項3号）。

3）不適切である。従業者が、在職中およびその職を退いた後において、その業務に関して知り得た個人データを第三者に知らせ、または利用目的外に使用しないことを内容とする契約等を採用時等に締結しなければならない（金融分野ガイドライン9条3項1号）。

4）適切である（金融分野ガイドライン9条1項）。

正解　3）

3－18　従業者に関する個人情報管理上の留意点②

《問》金融分野における個人情報取扱事業者が講ずべき人的安全管理措置に関する次の記述のうち、最も不適切なものはどれか。
1) 金融分野における個人情報取扱事業者が講ずべき人的安全管理措置のうち従業者の役割・責任等の明確化の1つとして、個人データの管理区分およびアクセス権限の設定が定められている。
2) 金融分野における個人情報取扱事業者は、従業者による個人データの安全管理に係る取扱規程に定めた事項の遵守状況について確認する必要があるが、遵守状況についての記録は義務付けられていない。
3) 金融分野における個人情報取扱事業者は、従業者に対し、採用時の教育および定期的な教育・訓練を行わなければならない。
4) 金融分野における個人情報取扱事業者は、採用時等に従業者と個人データの非開示契約等を締結するとともに、非開示契約等に違反した場合の懲戒処分を定めた就業規則等を整備しなければならない。

・解説と解答・

1) 適切である（金融分野実務指針3－2②)。
2) 不適切である。遵守状況についての記録および確認を行わなければならないとされている（金融分野実務指針2－3、3－4)。
3) 適切である（金融分野実務指針3－3①)。
4) 適切である（金融分野実務指針3－1)。

<u>正解　2）</u>

3-19　法令違反に対する命令・処分等①

《問》X社に対する個人情報保護法上の勧告・命令に関する次の記述のうち、最も不適切なものはどれか。

1) X社は、個人情報保護委員会からの是正勧告に対し必要な措置をとらなかった場合、当該勧告に係る措置をとるべきことを命ぜられることがあるが、この命令に違反しても、X社に対し、罰則が科されることはない。

2) 個人情報保護委員会は、X社が委託先の監督を怠った場合において、必要があると認めるときは、X社に対し、是正勧告を発することができる。

3) 勧告に従わなかったX社に対する命令は、単に勧告に従わないことをもって発せられることはなく、正当な理由なくその勧告に係る措置をとらなかった場合において個人の重大な権利利益の侵害が切迫していると個人情報保護委員会が認めたときに発せられる。

4) 個人情報保護委員会は、X社が不正に個人情報を取得した場合において、緊急に個人の重大な権利利益を保護する必要があると認めるときは、X社に対し、緊急命令として、違反行為の中止や是正措置を命じることができる。

・解説と解答・

1) 不適切である。金融分野における個人情報取扱事業者が正当な理由もなく、個人情報保護委員会の勧告に係る措置をとらなかった場合において個人の重大な権利利益の侵害が切迫していると認めるときは、個人情報保護委員会は、当該個人情報取扱事業者に対し、その勧告に係る措置をとるべきことを命ずることができる。この命令に反した場合、違反行為者およびその法人に対し罰則が科される（個人情報保護法148条2項、178条、184条）。

2) 適切である。是正勧告を発するには、①対象となる義務違反があること、かつ②個人の権利利益を保護するため必要があると認められることが要件となっている。委託先の監督を怠ったことは、個人情報保護法25条違反となり、①の要件に該当するため、②の要件を満たせば是正勧告を発するための要件を満たす（同法148条1項）。

3）適切である。勧告に従わなかったX社に対する命令は、単に勧告に従わないことをもって発せられることはなく、正当な理由なくその勧告に係る措置をとらなかった場合において個人の重大な権利利益の侵害が切迫していると個人情報保護委員会が認めたときに発せられる（委員会ガイドライン（通則編）4）。

4）適切である。①対象となる義務違反があり、かつ②個人の重大な権利利益を害する事実があるため、緊急に措置をとる必要がある場合には、個人情報保護委員会は直接、違反行為の中止その他の違反を是正するために必要な措置を命じることができる。不正に個人情報を取得したことは、個人情報保護法20条1項違反となり、①の要件に該当するため、②の要件を満たせば緊急命令を発するための要件を満たす（同法148条3項）。

正解　1）

3－20 法令違反に対する命令・処分等②

《問》個人情報保護法に違反した場合の罰則に関する次の記述のうち、最も不適切なものはどれか。

1）法人である個人情報取扱事業者に対し、個人情報保護委員会が違反行為の中止その他違反を是正するために必要な措置をとるべきことを命じた場合において、当該法人の代表者または従業者等がその命令に違反する行為を行ったときは、行為者のみならず、当該法人も刑事罰の対象となる。

2）個人情報保護委員会からの報告徴収および立入検査に対し、報告をせず、または虚偽の報告をした者は、個人情報保護委員会から是正勧告を受けることとなるが、刑事罰に処せられることはない。

3）個人情報保護法は、個人情報取扱事業者もしくはその従業者またはこれらであった者が、その業務に関して取り扱った個人情報データベース等を自己もしくは第三者の不正な利益を図る目的で提供し、または盗用した行為に対して、刑事罰を科す規定を置いている。

4）個人情報取扱事業者が第三者から個人データの提供を受ける際に行う確認について、提供元の第三者が当該確認に係る事項を偽った場合、当該第三者は過料に処せられる。

・解説と解答・

1）適切である。法人の代表者・従業者等が、いわゆる是正命令・緊急命令（個人情報保護法148条2項・3項）に違反した場合は、行為者のみならず、当該法人も刑事罰の対象となる（同法184条1項）。

2）不適切である。個人情報保護委員会からの報告徴収および立入検査に対し、報告せず、または虚偽の報告をした者は、是正勧告ではなく罰金に処せられる（個人情報保護法182条1号）。

3）適切である。個人情報保護法では、いわゆる「個人情報データベース等不正提供罪」が設けられており、違反した者は、懲役または罰金に処せられることになる（同法179条）。

4）適切である（個人情報保護法185条1号）。

正解　2）

第4章

銀行業務と個人情報保護

（注）第4章における問題中のX金融機関は、金融分野ガイドラインが適用される個人情報取扱事業者とする。

4－1　個人情報等の取得・利用①

《問》X金融機関における顧客の個人情報取得時の留意点に関する次の記述のうち、最も適切なものはどれか。

1）X金融機関が住宅ローンの申込みを受けた顧客Aからその家族の情報を取得する場合、A本人のみならずその家族に対してもあらかじめ利用目的の明示を行う必要がある。

2）X金融機関の担当者Bが、融資の担保物件調査を目的として、法務局において融資申込者である個人顧客Cの保有する不動産の登記事項証明書よりCの個人情報を取得する場合、あらかじめC本人の同意を得なければならない。

3）X金融機関が新商品の需要調査を行う目的で、コンサルティング会社から需要が見込める顧客の個人のリストを取得する場合、当該リストの個人データが適正に取得されたものであることの確認を行わなければならない。

4）X金融機関がコールセンターにおいて、個人顧客Dの通話内容を録音する場合、当該通話内容の録音が個人情報の取得に該当したとしても、利用範囲にかかわらず、取得の状況からみて常に利用目的が明らかであるので、利用目的の説明を行わずにDの個人情報を取得したとしても特段の問題はない。

・解説と解答・

1）不適切である。個人情報を本人ではなく第三者から取得することは、適正な手段による取得である限り認められている。個人情報を取得するにあたり、あらかじめ利用目的の明示が求められているのは、契約を締結することに伴って契約書その他の書面に記載された契約者本人の個人情報を取得する場合であり、第三者から取得する場合には利用目的を本人に通知し、または公表していれば足りる（個人情報保護法21条1項・2項、委員会ガイドライン（通則編）3－3－3、3－3－4）。

2）不適切である。不動産登記制度は、不動産の所有権やその他の権利の権利者の公示とともに社会取引の安全を担保するために設けられた制度であり、手数料さえ収めればだれでも登記事項証明書を入手することが可能である。したがって、所有者の同意を得ずに登記事項証明書から個人情報を

入手したとしても、偽りその他不正な手段による取得とはいえず、本人の同意を得る必要はないと考えられる。

3）適切である。第三者から個人データの提供を受ける場合、違法に入手された個人データが流通することを抑止するため、提供先が当該個人データを取得した経緯等を確認することが義務付けられている（個人情報保護法30条）。

4）不適切である。録音した通話内容の利用範囲が「取得の状況からみて利用目的が明らかである」（個人情報保護法21条4項4号）とみなされる範囲にとどまっていれば特段の問題はないが、その範囲を超えて利用している場合には、電話の内容を録音していることや利用目的の説明を行う必要があると考えられる。

正解　3）

4−2　個人情報等の取得・利用②

> 《問》X金融機関における顧客の個人情報の利用目的の特定・明示等に関する次の記述のうち、最も不適切なものはどれか。
>
> 1）X金融機関が、顧客の個人情報を取り扱う際は、その利用目的をできる限り特定しなければならない。
> 2）X金融機関は、預金口座開設申込書に記載された顧客の個人情報を取得するに際し、預金者に対しあらかじめその利用目的を明示すれば足り、利用目的の通知書を郵送する必要はない。
> 3）金融分野ガイドラインでは、与信事業において、利用目的を明示する書面に確認欄を設けること等により、利用目的について本人の同意を得ることが望ましいと規定している。
> 4）預金口座開設の場合、取得の状況からみて個人情報の利用目的は明らかであるので、X金融機関において利用目的の明示を省略しても特段の問題はない。

・解説と解答・

1）適切である。金融機関が顧客の個人情報を取り扱う際は、その利用目的をできる限り特定しなければならない（個人情報保護法17条）。金融分野における個人情報取扱事業者が、個人情報保護法17条に従い利用目的を特定するに際して、「自社の所要の目的で用いる」といった抽象的な利用目的では「できる限り特定」したものとはならない。利用目的は、提供する金融商品またはサービスを示した上で特定することが望ましいとされている（金融分野ガイドライン2条1項）。

2）適切である。金融機関は預金者の個人情報を直接、書面で取得していることから、個人情報保護法21条2項に基づき、預金者に対しあらかじめ利用目的を明示することで足り、それに加えて、同条1項に基づく、利用目的の通知を行う必要はない。

3）適切である（金融分野ガイドライン6条2項）。

4）不適切である。預金口座開設の場合、利用目的の明示が不要とされる「取得の状況からみて利用目的が明らかである場合」（個人情報保護法21条4項4号）には該当しないため、個人情報保護法21条2項に基づき利用目的の明示は必要であるものと解される。

<u>正解　4）</u>

4-3　機微（センシティブ）情報の取扱い

《問》金融分野実務指針等に照らし、顧客の機微（センシティブ）情報の取扱いと安全管理に関する次の記述のうち、最も不適切なものはどれか。
1) 金融機関は、適法に機微（センシティブ）情報を取得した場合、金融分野実務指針等に掲げる事由を逸脱した利用・第三者提供を行うことのないよう、特に慎重に取り扱うこととされている。
2) 金融分野実務指針では、金融機関に機微（センシティブ）情報の取扱いについて規程を整備するとともに、当該規程において、機微（センシティブ）情報の移送・送信時には、必要最小限に限定したアクセス権限の設定とアクセス制御の実施の規程を定めることとしている。
3) 金融分野実務指針では、金融機関は、機微（センシティブ）情報の取扱いについて規程を整備するとともに、情報通信技術の状況等を踏まえ、必要に応じて、規程の見直しを行うこととしている。
4) 金融分野実務指針では、機微（センシティブ）情報に該当する生体認証情報の取扱いに関し、外部監査を行うことまでは求めていない。

・解説と解答・

1) 適切である。金融分野ガイドライン5条2項、金融分野実務指針8-1において、金融機関は機微（センシティブ）情報を適法に取得した場合、金融分野実務指針等に基づき認められている事由を逸脱した利用・第三者提供を行うことのないよう、特に慎重に取り扱うことを求めた追加的な規定を置いている。
2) 適切である。金融分野実務指針は、金融機関に機微（センシティブ）情報の取扱いについての規程整備および見直しを求めるとともに、機微（センシティブ）情報の移送・送信時には、必要最小限の者に限定したアクセス権限の設定およびアクセス制御の実施を規程で定めることを求めている（同指針8-1-4②）。
3) 適切である。金融分野実務指針では、機微（センシティブ）情報の取扱いについて規程を整備するとともに、情報通信技術の状況等を踏まえ、必要

120

に応じて、規程の見直しを行うこととしている（同指針8－1）。
4）不適切である。金融分野実務指針は、機微（センシティブ）情報に該当す
る生体認証情報の取扱いについて外部監査を受けることを求めている（同
指針8－2）。

正解 4）

4－4　個人情報等の外部・第三者への提供

《問》X金融機関における個人データの第三者提供時の個人情報の取扱い
に関する次の記述のうち、最も不適切なものはどれか。

1）X金融機関が、弁護士会から弁護士法23条の2に基づく照会を受け
て、保有する個人データを提供する場合、個人情報保護法の定める
第三者提供の制限の例外事由である「法令に基づく場合」に該当す
るが、実際の提供にあたっては、個別の事案ごとに慎重に判断をす
る必要がある。

2）X金融機関が、社会福祉事務所員から、生活保護の適正な実施のた
めに行う調査の一環として、生活保護申請者の資産や収入状況等の
個人データの提供を要請された場合、本人の同意を得ずに当該要請
に応じたとしても、個人情報保護法に抵触することはない。

3）X金融機関が、労働基準監督署から、倒産した事業主の賃金支払能
力の有無を把握するために、倒産会社およびその代表者、個人事業
主等の関係者が保有する預金口座の残高状況等の個人データの提供
を要請された場合、本人の同意を得ることなく当該要請に応じたと
しても、個人情報保護法に抵触することはない。

4）X金融機関が、「個人データ」に該当する個人顧客Aの取引内容
を、A本人の同意を得ずにその家族に伝えたとしても、当該内容に
つきAの家族が知っていた場合は、「個人データ」の漏えいに該当
することはない。

・解説と解答・

1）適切である。弁護士法23条の2は、「弁護士は、受任している事件につい
て、所属弁護士会に対し、公務所又は公私の団体に照会して必要な事項の
報告を求めることを申し出ることができる」と定めており、金融分野Q＆
A問Ⅵ－7では、弁護士会からの照会に対する回答は「法令に基づく場
合」に該当することが明記されている。ただし、「具体的な報告内容に
よっては、プライバシー権の侵害を理由に損害賠償請求が認容されるおそ
れがあることから、…その照会の理由や当該個人情報の性質等に鑑み、個
別の事案ごとに慎重に判断をする必要があると考えられます」と慎重な検
討を行うべきとの注意喚起がなされている。

2）適切である。社会福祉事務所員による任意調査に対しては、生活保護法の規定で個人データの提供そのものが義務付けられているわけではないが、第三者（社会福祉事務所員）が個人データの提供を受けることについて法令上の具体的な根拠があり、個人情報保護法27条1項1号における「法令に基づく場合」に該当することから、本人の同意なく第三者提供ができることと一般に解されており、当該任意調査に応じることは個人情報保護法に抵触しないものと考えられる（金融分野Q＆A問VI－5）。

3）適切である。個人情報保護法27条1項1号における「法令に基づく場合」に該当するため、個人データを提供する際に本人の同意を得る必要はない（金融分野Q＆A問VI－6）。

4）不適切である。個人データの提供が禁止されている「第三者」は、「個人データ」を提供しようとする個人情報取扱事業者および当該「個人データ」に係る本人のいずれにも該当しない者をいい、本人の家族であっても、「第三者」に該当する。よって、「個人データ」に該当する顧客の取引内容を本人の同意を得ずに、その内容を知る家族に伝えた場合、個人情報保護法27条1項に違反することとなる（なお、ここにいう「本人の同意」における「本人」については、未成年者または成年被後見人の法定代理人が含まれると考えられる）（金融分野Q＆A問VI－2）。

<u>正解　4）</u>

4-5　ダイレクトメール（DM）の送付

> 《問》X金融機関が顧客宛にダイレクトメールを送付する際の個人情報の取扱いに関する次の記述のうち、最も不適切なものはどれか。
>
> 1）金融分野ガイドラインでは、金融機関は取引上の優越的な地位を不当に利用し、与信の条件として与信事業において取得した個人情報を与信業務以外の金融商品のダイレクトメールの発送に利用することを利用目的として同意させる等の行為を行うべきではないとしている。
>
> 2）大口預金者に対して、資産運用に関するセミナー開催のダイレクトメールを送付する場合、X金融機関が公表している利用目的にダイレクトメールの送付が含まれていれば、事前に当該大口預金者の同意を得る必要はない。
>
> 3）X金融機関が、自社の大口預金者に対して保険商品の募集に関するダイレクトメールを送付したとしても、特段の問題はない。
>
> 4）ダイレクトメールを受け取った顧客から求めがあった場合は、ダイレクトメールの発送停止など、自主的に利用停止等に応じることについて考慮した記述を個人情報保護宣言（プライバシーポリシー）にできるだけ盛り込むことが望ましいとされている。

・解説と解答・

1）適切である（金融分野ガイドライン2条3項）。

2）適切である。金融機関が公表している利用目的にダイレクトメールの送付が含まれていれば、預金者本人の同意を得ずにダイレクトメールを送付することが可能であると考えられている（個人情報保護法21条1項、全国銀行個人情報保護協議会「個人情報保護指針」Ⅱ-1）。

3）不適切である。銀行業務で得た顧客の非公開金融情報を保険募集に利用する場合、顧客の事前同意を得る必要がある（保険業法施行規則212条2項1号、同条の2第2項1号）。

4）適切である。個人情報保護宣言（プライバシーポリシー）には、保有個人データについて本人から求めがあった場合は、ダイレクトメールの発送停止など、自主的に利用停止等に応じる旨を考慮した記述をできるだけ盛り込むことが望ましい（金融分野ガイドライン20条2項1号）。

正解　3）

4－6　反社会的勢力情報、防犯カメラ映像等の取扱い

《問》X金融機関における反社会的勢力および防犯カメラ映像等の個人情報の取扱いに関する次の記述のうち、最も不適切なものはどれか。

1）X金融機関は、自己が保有する反社会的勢力に関する個人情報について、本人に利用目的を通知、公表、明示しなくても、個人情報保護法に抵触することはない。

2）X金融機関が、防犯カメラを設置して自店の来店者を撮影する場合、一般に、「取得の状況からみて利用目的が明らか」に該当することから、利用目的の通知、公表、明示は不要である。

3）X金融機関が、防犯カメラに映った偽造キャッシュカードの実行犯の映像を他の金融機関に対して提供したとしても、個人情報保護法に抵触することはない。

4）X金融機関が、自己が保有する反社会的勢力に関する個人データや防犯カメラに映った偽造キャッシュカードの実行犯の映像の開示を本人から求められた場合、開示に応じなければならない。

・解説と解答・

1）適切である。反社会的勢力の個人情報については、利用目的の通知・公表等が不要とされる個人情報保護法21条4項2号（事業者の権利または正当な利益を害するおそれがある場合）に該当するとされている（委員会ガイドライン（通則編）3－3－5）。

2）適切である。特定の個人を識別できる場合は「個人情報」に該当する（個人情報保護法2条1項）が、金融機関が防犯カメラを設置して来店者を撮影する場合、「取得の状況からみて利用目的が明らか」に該当すると考えられていることから、利用目的の通知・公表は必要ないとされている（金融分野Q&A問Ⅵ－1）。

3）適切である。特定の個人を識別できる防犯カメラの映像（個人情報）を他の金融機関に提供することが防犯目的という利用目的を超えた利用に当たったとしても、この場合は、利用目的を超えた利用を例外的に認めた個人情報保護法18条3項2号（人の生命、身体または財産の保護のために必要な場合であって、本人の同意を得ることが困難であるとき）に該当するものと考えられる（金融分野Q&A問Ⅵ－1）。

4）不適切である。反社会的勢力に関する個人データや防犯カメラに映った偽
　造キャッシュカードの実行犯の映像（個人情報）は、ともに保有個人デー
　タには該当しない（委員会ガイドライン（通則編）2 - 7）。したがっ
　て、保有個人データの開示義務（個人情報保護法33条）は適用されない。

正解　4）

4－7　預金・為替業務における個人情報保護法の取扱い
　　　　（口座開設手続）

《問》X金融機関における顧客の預金口座開設手続時の個人情報の取扱い
　　に関する次の記述のうち、最も不適切なものはどれか。
　1）預金口座開設申込書に記載された預金者の氏名・住所は、預金者の
　　　個人情報に該当する。
　2）預金者の電話番号に関する情報（無料で頒布されている電話帳に記
　　　載されているもの）は、公開情報であることから、預金者の個人情
　　　報には該当しない。
　3）本人確認のために、預金者が住民票の写しを提示した場合、当該住
　　　民票の写しに記載されている預金者の家族の氏名などの情報は、預
　　　金者の家族に関する個人情報に該当する。
　4）預金口座開設手続時に預金者から取得した情報は、預金者とX金融
　　　機関との間の預金取引の継続の有無にかかわらず、預金者の個人情
　　　報として取り扱われる。

・解説と解答・

1）適切である。「個人情報」とは、生存する個人に関する情報であって、当
　　該情報に含まれる氏名、生年月日その他の記述等により特定の個人を識別
　　することができるものをいう（個人情報保護法2条1項1号）。預金口座
　　開設申込書に記載された預金者の氏名・住所は、「個人情報」の定義を満
　　たすことから、「個人情報」に該当する。
2）不適切である。公開情報であっても、「個人情報」の定義に該当する限
　　り、「個人情報」に該当する（委員会ガイドライン（通則編）2－1）。
3）適切である。住民票の写しに預金者の家族の氏名が記載されていた場合、
　　その情報は、預金者の家族に関する個人情報に該当する。
4）適切である。「個人情報」に当たるか否かは、預金者と金融機関との間の
　　取引が終了しているか、継続しているかとは無関係である。生存する個人
　　を識別することができる情報であることなど、個人情報保護法上の要件を
　　満たせば、当該情報は「個人情報」に該当する。

正解　2）

4－8　預金・為替業務における個人情報保護法の取扱い
　　　（口座振替・振込等）

《問》X金融機関における口座振替・振込取引時の個人情報の取扱いに関する次の記述のうち、最も不適切なものはどれか。

1）預金口座振替において、預金者は、料金請求者およびX金融機関に対し、「私は、本件料金について、口座振替の方法により支払うこととしたので、請求書はX金融機関に送付してください」という旨の申込みを行っていることから、当該預金者は、料金請求者がX金融機関に対し預金者の個人データを提供することに同意していると考えられる。

2）振込依頼書に記載されている振込人の個人データが、被仕向金融機関に提供されることについては、振込人が振込規定に基づき同意していると考えられる。

3）受取人から被仕向金融機関に対し「振込人に連絡したいので、振込人の住所と電話番号を教えてほしい」との申出があった場合、被仕向金融機関は、振込人の同意がなければ、受取人の当該申出に応じることはできない。

4）仕向金融機関は、振込人の振込依頼書によって受取人の個人情報を取得することから、受取人に対して個人情報の利用目的を明示しなければならない。

・解説と解答・

1）適切である。口座振替依頼書には同様の趣旨の記載があり、預金者は当該記載を認識して申し込んでいることから、個人データの提供に同意していると考えられる。

2）適切である。振込規定には、仕向金融機関が振込人の依頼に基づき被仕向金融機関に対し、振込通知を発信する旨の規定が置かれるのが一般的である。振込人は、振込規定に基づいて振込依頼書を仕向金融機関に提出しており、振込依頼書に記載されている振込人の個人データが被仕向金融機関に提供されることについて同意しているものと考えられる。

3）適切である。被仕向金融機関が受取人に対して振込依頼人の連絡先を教えることは、振込に関し当然予想されることとはいえず、振込規定にもその

旨の定めはない。したがって、個人情報保護法27条1項より、被仕向金融機関は振込依頼人の同意を得ない限り、振込依頼人の連絡先に関する個人データを受取人に提供できないと考えられる。

4) 不適切である。個人情報保護法21条2項は、本人から直接書面に記載された個人情報を取得する場合、あらかじめ利用目的の明示が必要であると定めているが、この場合、仕向金融機関は、受取人の個人情報を、受取人から直接書面で取得したわけではないことから、受取人に対して利用目的を明示する必要はない。

<u>正解　4）</u>

4－9　預金業務における番号法上の留意点

《問》X金融機関が預金業務を行う際の個人番号および法人番号の取扱い
　　　等に関する次の記述のうち、最も適切なものはどれか。
1）X金融機関は、預金業務に係る事務処理について、個人番号関係事
　務とその他の事務を区分し、個人番号を取り扱う従業者を限定する
　必要がある。
2）法人番号は利用範囲に制限があるため、X金融機関は、預金業務に
　係る顧客管理のために、法人番号を利用することはできない。
3）X金融機関が、非課税貯蓄申告書に記載された預金者の個人番号等
　を取得する場合、既に当該預金者について犯罪収益移転防止法に基
　づく取引時確認が完了していれば、番号法に基づく身元確認は必要
　ない。
4）X金融機関は、激甚災害が発生した場合、あらかじめ締結した預金
　契約等に基づく金銭の支払を行うために、必要な限度で個人番号を
　利用することができる。

・解説と解答・

1）不適切である。個人番号関係事務に関連する一連の業務のなかで、個人番
　号関係事務を他の事務と区分し、個人番号を取り扱う従業者を限定する必
　要はない。事業者が適切に「事務の範囲の明確化」、「事務取扱担当者の明
　確化」を行ったうえで、その明確化した事務・担当者の範囲を超えて個人
　番号の利用等ができないようアクセス制御等を行い、必要かつ適切な監
　督・教育を行えば十分である。
2）不適切である。法人番号は公表されており、また、個人番号とは異なり利
　用範囲の制約がないため、顧客管理として利用することもできる。なお、
　法人番号は、12桁の基礎番号およびその前に付された1桁の検査用数字か
　ら構成されている。
3）不適切である。番号法16条に基づく番号確認と身元確認は、犯罪収益移転
　防止法に基づく取引時確認が完了していても省略することはできない。
4）適切である（番号法9条5項）。

正解　4）

4－10　融資業務における個人情報保護法の取扱い（住宅ローン）

《問》X金融機関における住宅ローンの申込み・審査の際の個人情報の取扱い等に関する次の記述のうち、最も適切なものはどれか。

1）X金融機関は、個人顧客Aから住宅ローンの申込書の提出を受ける場合、Aに対し利用目的を明示しなければならないが、Aより利用目的に係る同意書を徴求する必要はない。

2）X金融機関が個人顧客Bの住宅ローンの与信審査において、Bとの預金取引を通じて得た個人情報を利用する場合、X金融機関が作成・公表した利用目的に当該個人情報が含まれていれば、改めてBの同意を得る必要はない。

3）X金融機関が保険会社との間で、個人顧客Cの団体信用生命保険付き住宅ローンの個人データを授受する場合、あらかじめCの同意を得る必要はない。

4）個人顧客Dは住宅ローンの申込みにあたり、X金融機関から同意を求められた利用目的のなかに、住宅ローンの申込書に記載されたDの住所に関する個人情報を他の金融商品のダイレクトメールの発送に利用する旨が含まれていたとしても、その利用目的を拒否することはできない。

・解説と解答・

1）不適切である。住宅ローンの申込書に記載されている個人情報の利用目的については、金融分野ガイドラインにより、顧客より利用目的の同意を得ることが望ましいとされている（同ガイドライン6条2項）。

2）適切である。申込者との預金取引を通じて得た当該申込者の個人情報を住宅ローンの与信審査に利用する場合、取得時点で公表された利用目的に当該個人情報が含まれていれば足り、改めて申込者の同意を得る必要はない。

3）不適切である。金融機関が保険会社との間で債務者の個人データを授受する場合、あらかじめ債務者の同意を得ておく必要がある（個人情報保護法27条1項）。

4）不適切である。金融分野ガイドライン2条3項によると、金融機関は取引上の優越的な地位を不当に利用し、与信の条件として与信事業において取

得した個人情報を当該与信事業以外の金融商品のダイレクトメールの発送に利用することを利用目的として同意させる等の行為を行うべきではなく、本人は当該利用目的を拒否できるとしている。

正解　2）

4-11　融資業務における個人情報保護法の取扱い
　　　　（個人信用情報機関の利用）

《問》金融機関による個人信用情報機関への登録・照会に関する次の記述のうち、最も不適切なものはどれか。

1）個人信用情報機関は会員である金融機関が登録した情報を、同機関を通じて他の金融機関に対しても提供している。

2）金融機関が、個人信用情報機関に対して、個人データを提供する際に本人の同意を得るにあたっては、個人信用情報の取扱いの公益性に鑑み、本人に対し、個人データを利用する者の外延を示す必要がある。

3）金融機関が、個人信用情報機関に対し、申込者の個人データを登録する際には、オプトアウト手続による取扱いも認められている。

4）個人信用情報機関は、会員である金融機関が個人信用情報機関に照会して得た情報を、返済能力の調査以外の目的のために使用しないよう金融機関に対し継続的なモニタリングを実施しなければならない。

・解説と解答・

1）適切である。個人信用情報機関は、その会員である金融機関が個人信用情報機関に登録（提供）した情報を、他の金融機関にも提供するという点に特徴がある（金融分野ガイドライン12条2項）。

2）適切である。個人信用情報機関の会員企業として個人データを利用する者の外延を本人に客観的かつ明確に示すことが必要であり、会員企業の名称を記載する方法のほか、インターネットのホームページアドレスを記載する方法等により、本人が同意の可否を判断するに足りる具体性をもって示すこととされている（金融分野ガイドライン12条2項）。

3）不適切である。個人情報保護法では、個人データを第三者提供する場合には、あらかじめ本人の同意を得る旨を義務付けており、金融機関が個人信用情報機関に、個人データを提供する場合はオプトアウト手続による取扱いは認められておらず、本人の同意を得る必要がある（金融分野ガイドライン12条3項）。

4）適切である。個人信用情報機関は、会員である金融機関が、入会後に入会

基準を逸脱し、また返済能力の調査以外の目的のために使用しないよう会
員による個人信用情報へのアクセスに対する適切かつ継続的なモニタリン
グを行うこととされている（金融分野実務指針 9 − 2 ）。

<u>正解　3 ）</u>

4－12　融資業務における番号法上の留意点

《問》X金融機関が住宅ローン業務を行う際の特定個人情報の取扱いに関する次の記述のうち、最も不適切なものはどれか。

1) X金融機関は、住宅ローン業務における融資審査時において、融資業務のために借主の個人番号を取得する必要はない。

2) X金融機関は、借入申込者から提出を受けた確定申告書等の控えに当該申込者の個人番号の記載があった場合、当該個人番号を復元できない程度に黒塗りする等の対応を行わなければならない。

3) 住宅ローンの借入人が死亡した場合に、X金融機関が、遺族に対し、当該借入人の死亡を証明する住民票除票の写しの提出を求める際、故人の個人番号の記載があったとしても、特定個人情報には該当しない。

4) X金融機関が借主から任意に提出を受けた住民票の写しに、当該借主の個人番号の記載があった場合、X金融機関は個人番号を取得することができる。

・解説と解答・

1) 適切である。金融機関が融資業務において個人番号の取得を義務付けられた法令はなく、個人番号の取得は認められない。

2) 適切である。住宅ローン審査のために個人番号の取得が認められていないことから、個人番号を復元できない程度にマスキングする等を行い、個人番号を取得しないようにしなければならない（番号法ガイドラインQ＆A5－3）。

3) 適切である。故人の個人番号も「個人番号」に含まれるが、故人の個人番号をその内容に含む情報は特定個人情報には該当しないと考えられる（番号法ガイドラインQ＆A9－1、番号法ガイドライン（金融業務編）2014年12月11日付パブコメ No.38）。

4) 不適切である。借主が任意に提出した住民票の写しであっても、個人番号の取得は認められておらず、金融機関は当該借主に対して、個人番号の記載がない住民票の提出を求めるか、個人番号部分を復元できない程度にマスキングする等の工夫を行うことが必要になる（番号法15条、番号法ガイドラインQ＆A5－3）。

<u>正解　4)</u>

4-13　債権回収業務における個人情報保護法の取扱い

《問》X金融機関が保有する住宅ローン債権の回収時に、Y金融機関に当該債権を譲渡する場合等における個人情報等の取扱いに関する次の記述のうち、最も不適切なものはどれか。なお、民法に基づく債権譲渡制限特約等は付されていないものとする。

1) X金融機関が、サービサー会社を利用するときに、サービサー会社との間で特定金銭債権の管理・回収に必要な範囲内で取り扱うことに合意したうえで、債務者の個人データを提供する場合は、個人データの取扱いの全部または一部を「委託」したものと考えられる。

2) X金融機関が、住宅ローン債権の譲渡に伴い、債務者の個人データをY金融機関に提供する場合、債務者の同意の推定が及ぶ範囲として、「債権の回収等」は含まれないと解されている。

3) X金融機関が、サービサー会社を利用するときに、サービサー会社との間で債務者の個人データを「共同利用」する場合は、個人データを共同利用する者の範囲などを、あらかじめ債務者に通知するか、または債務者が容易に知り得る状態に置かなければならない。

4) X金融機関が、住宅ローン債権の譲渡に伴い、債務者の個人データをY金融機関に提供することは、譲渡債権の管理に必要な範囲で個人データを提供する場合に該当するため、債務者の同意の推定が原則として及ぶと考えられる。

・解説と解答・

1) 適切である。利用目的の範囲内で取り扱う旨を合意して個人データを提供する場合は、個人情報の取扱いの全部または一部の委託と考えられる（個人情報保護法27条 5 項 1 号）。

2) 不適切である。金融庁は、債権の管理とは譲渡および回収等をいうとしており、債権の回収等も含まれるとしている（金融分野Q＆A問Ⅵ- 4 ）。

3) 適切である（個人情報保護法27条 5 項 3 号）。

4) 適切である。金融庁は、債権譲渡にあたり譲渡債権の管理に必要な範囲で個人データを提供する場合には、債務者の同意の推定が及ぶとの見解を示している（金融分野Q＆A問Ⅵ- 4 ）。　　　　　　　　　　正解　2)

4-14 相談業務における個人情報保護法の取扱い

《問》X金融機関が個人顧客との相談業務によって取得した個人情報の利用および個人データの保管に関する次の記述のうち、最も不適切なものはどれか。

1）X金融機関が、相談業務によって取得した個人データには、特に慎重な取扱いや配慮が必要な内容が含まれている場合が多いことから、漏えい等がないよう、安全管理措置を講じる必要がある。

2）相談業務においては、個人情報を十分に活用することが最適なサービス提供のために必要不可欠であるが、X金融機関は、公表している利用目的の範囲内で、当該個人情報を利用しなければならない。

3）X金融機関が過去に相談業務によって個人顧客から取得した個人情報および個人データは、個人顧客との関係が長期間続く場合が多く、かつその後も別の業務に利用することが考えられるため、特に保存期間を定めなくてもよい。

4）X金融機関は、個人情報保護法等に基づいた個人データの保管方法・期限に従って、個人顧客が相談に際して持参した資料のうち不要になったものを、顧客に返還するか、廃棄しなければならない。

・解説と解答・

1）適切である。相談業務において取得した個人データについても、安全管理措置を講じる必要がある（個人情報保護法23条、金融分野ガイドライン8条）。

2）適切である。相談業務においても、原則として、あらかじめ顧客の同意を得ずに顧客の個人情報を利用目的の達成に必要な範囲を超えて、利用することはできない（個人情報保護法18条）。

3）不適切である。相談業務において個人顧客から過去に取得した情報を、その後、別の業務に利用することが一律に許されるということはない。また、金融分野ガイドライン7条では、「預金者又は保険契約者等の個人データの保存期間については、契約終了後一定期間内とする等、保有する個人データの利用目的に応じ保存期間を定め、当該期間を経過した個人データを消去することとする」と定められている。

4）適切である。個人データの保管期限を定め、それに従って個人データの廃

棄等を行うことは、金融分野ガイドライン 7 条に沿った対応であり、適切
である。

正解　3 ）

4－15　証券・保険・信託業務等における個人情報保護法の取扱い

《問》X金融機関が証券・保険・信託業務等を行う際の個人情報の取扱い
　　に関する次の記述のうち、最も適切なものはどれか。

1）X金融機関が、非公開金融情報を保険募集に係る業務に利用する場
　　合、電話で顧客の事前の同意を得て、同意を得た旨を記録すれば足
　　りるとされている。

2）X金融機関において、投資信託や債券等の販売業務で得た個人情報
　　の漏えい等事案が発生した場合には、金融庁にのみ報告を行えばよ
　　いとされている。

3）X金融機関が、非公開金融情報を保険募集に係る業務に利用する場
　　合、非公開金融情報の利用について顧客の同意を取得する際に、当
　　該同意の有効期間およびその撤回の方法を顧客に具体的に明示する
　　ことが求められているが、利用する非公開金融情報の範囲を顧客に
　　具体的に明示することまでは求められていない。

4）金融商品取引法では、原則として、顧客保護等の観点から、金融商
　　品仲介業者が取得した非公開融資等情報を事前に顧客の書面による
　　同意がない限り委託金融商品取引業者に提供してはならないと定め
　　ている。

・解説と解答・

1）不適切である。電話により顧客の同意を得る場合は、同意後に、速やかに
　　当該利用について説明した書面を送付または交付し、契約申込みまでに書
　　面による同意を得なければならないとされている（保険会社向けの総合的
　　な監督指針Ⅱ－4－2－6－2）。

2）不適切である。証券業務で得た個人情報の漏えい等事案が発生した場合に
　　は、日本証券業協会への報告も必要である（日本証券業協会「個人情報の
　　保護に関する指針」23条参照）。

3）不適切である。非公開金融情報を保険募集に係る業務に利用する場合に
　　は、非公開金融情報の利用について顧客の同意を取得する際に、当該同意
　　の有効期間およびその撤回の方法、非公開金融情報を利用する保険募集の
　　方式（対面、郵便等の別）、利用する非公開金融情報の範囲（定期預金の
　　満期日、預金口座への入出金に係る情報、その他金融資産の運用に係る情

報等）を顧客に具体的に明示することが求められている（保険会社向けの総合的な監督指針Ⅱ－4－2－6－2）。

4）適切である。金融商品取引法は、本選択肢にあるような規定を弊害防止措置として定めている（金融商品取引業等に関する内閣府令123条1項19号）。

<u>正解　4）</u>

4－16　証券業務等における番号法上の留意点

《問》X金融機関が証券業務等を行う際の番号法上の留意点に関する次の記述のうち、最も不適切なものはどれか。

1）X金融機関が行う証券業務において個人番号を取得することが求められているのは、投資信託、公共債など証券取引に係る特定口座やNISA口座（非課税口座内の少額上場株式等に係る配当所得及び譲渡所得等の非課税措置）に関するものである。

2）X金融機関が、法定代理人である父親Aから、Aの長男であるBの特定口座開設届出書等により、Bの個人番号を取得する場合は、B本人に対し、特定個人情報の利用目的を明示しなければならない。

3）X金融機関は、顧客の管理のために、個人番号を顧客番号として利用してはならない。

4）X金融機関が顧客から個人番号の提供を受けるに当たり、想定されるすべての支払調書作成事務等を利用目的として特定して、本人への通知を行うことが考えられるが、通知の方法としては、従来から行っている個人情報の取得の際と同様に、利用目的を記載した書類の提示等の方法が考えられる。

・解説と解答・

1）適切である。番号法においては、投資信託、公共債など証券取引全般を行うために開設する特定口座に関する諸手続に関して、金融商品取引業者等は個人番号を取得することが求められている。また、いわゆる一般口座についても、口座開設時点に個人番号の提供を求めることができると解される（番号法ガイドラインQ＆A19－2）。

2）不適切である。特定個人情報を取得する場合の特定個人情報の利用目的の取扱いについては、個人情報保護法21条の規定が適用されるが、選択肢の場合は本人から書面により特定個人情報を直接取得するわけではないことから、同条2項の規定（本人に対する利用目的の明示）は適用されず、特定個人情報の利用目的を通知・公表していれば足りる。

3）適切である（番号法ガイドライン（金融業務編）1－(1)）。

4）適切である（番号法ガイドライン（金融業務編）1－(1)）。

<u>正解　2）</u>

生命保険業務と個人情報保護

（注）第5章における問題中のＸ生命保険会社は、金融分野ガイドラインが適用される個人情報取扱事業者とする。

5－1　要配慮個人情報と機微（センシティブ）情報の取扱い①

《問》X生命保険会社（以下、「X社」という）の要配慮個人情報の取得
に関する次の記述のうち、最も不適切なものはどれか。

1）X社が、警察の任意の求めに応じて要配慮個人情報に該当する個人
情報を提出するために、当該個人情報を取得する場合、X社は、あ
らかじめ本人の同意を得ないで、要配慮個人情報を取得することが
できる。

2）X社が、生命保険業界の他の各社との間において、不正対策のため
に、意図的に業務妨害を行う者の情報のうち、過去に業務妨害罪で
逮捕された事実等の情報について共有する場合、X社は、あらかじ
め本人の同意を得ないで、要配慮個人情報を取得することができ
る。

3）要配慮個人情報が本人により公開されている場合、X社は、あらか
じめ本人の同意を得ないで、当該要配慮個人情報を取得することが
できるが、要配慮個人情報が報道機関により報道の用に供する目的
で公開されている場合、X社は、あらかじめ本人の同意を得ない
で、当該要配慮個人情報を取得することはできない。

4）X社が所定の要件を満たして関連会社との間で個人データの共同利
用を行っている場合、X社は、あらかじめ本人の同意を得ないで、
当該共同利用により要配慮個人情報を取得することができる。

・解説と解答・

　要配慮個人情報については、法令所定の場合を除き、あらかじめ本人の同意
を得ないで取得してはならない（個人情報保護法20条2項）。法令所定の場合
は、次のとおりである。

- 法令に基づく場合（個人情報保護法20条2項1号）
- 人の生命、身体または財産の保護のために必要がある場合であって、本人
　の同意を得ることが困難であるとき（個人情報保護法20条2項2号）
- 公衆衛生の向上または児童の健全な育成の推進のために特に必要がある場
　合であって、本人の同意を得ることが困難であるとき（個人情報保護法20
　条2項3号）

- 国の機関もしくは地方公共団体またはその委託を受けた者が法令の定める事務を遂行することに対して協力する必要がある場合であって、本人の同意を得ることにより当該事務の遂行に支障を及ぼすおそれがあるとき（個人情報保護法20条2項4号）
- 当該個人情報取扱事業者が学術研究機関等である場合であって、当該要配慮個人情報を学術研究目的で取り扱う必要があるとき（当該要配慮個人情報を取り扱う目的の一部が学術研究目的である場合を含み、個人の権利利益を不当に侵害するおそれがある場合を除く）（個人情報保護法20条2項5号）
- 学術研究機関等から当該要配慮個人情報を取得する場合であって、当該要配慮個人情報を学術研究目的で取得する必要があるとき（当該要配慮個人情報を取得する目的の一部が学術研究目的である場合を含み、個人の権利利益を不当に侵害するおそれがある場合を除く）（当該個人情報取扱事業者と当該学術研究機関等が共同して学術研究を行う場合に限る）（個人情報保護法20条2項6号）
- 当該要配慮個人情報が、本人、国の機関、地方公共団体、学術研究機関等、個人情報保護法57条1項各号に掲げる者その他個人情報保護委員会規則で定める者により公開されている場合（個人情報保護法20条2項7号、同法施行規則6条）
- 本人を目視し、または撮影することにより、その外形上明らかな要配慮個人情報を取得する場合（個人情報保護法20条2項8号、同法施行令9条1号）
- 個人情報保護法27条5項各号に掲げる場合（注：委託、事業承継または共同利用の場合）において、個人データである要配慮個人情報の提供を受けるとき（個人情報保護法20条2項8号、同法施行令9条2号）。

1）適切である。本選択肢の場合については、「国の機関若しくは地方公共団体又はその委託を受けた者が法令の定める事務を遂行することに対して協力する必要がある場合であって、本人の同意を得ることにより当該事務の遂行に支障を及ぼすおそれがあるとき」に該当する例として挙げられており（個人情報保護法20条2項4号、委員会ガイドライン（通則編）3－3－2(4)事例)）、あらかじめ本人の同意を得ないで、要配慮個人情報を取得することができる。

2）適切である。本選択肢の場合については、「人の生命、身体又は財産の保

護のために必要がある場合であって、本人の同意を得ることが困難である
とき」に該当する例として挙げられており（個人情報保護法20条2項2
号、委員会ガイドライン（通則編）3－3－2(2)事例2））、あらかじめ本
人の同意を得ないで、要配慮個人情報を取得することができる。

3）不適切である。「当該要配慮個人情報が、本人、国の機関、地方公共団
体、学術研究機関等、第57条第1項各号に掲げる者その他個人情報保護委
員会規則で定める者により公開されている場合」は、あらかじめ本人の同
意を得ないで、要配慮個人情報を取得することができる（個人情報保護法
20条2項7号）。報道機関、宗教団体、政治団体等により所定の活動の用
に供する目的で公開されている場合は、これに該当する（同法20条2項7
号、57条1項、同法施行規則6条、委員会ガイドライン（通則編）3－3
－2(7)）。したがって、「要配慮個人情報が報道機関により報道の用に供す
る目的で公開されている場合、X社は、あらかじめ本人の同意を得ない
で、当該要配慮個人情報を取得することはできない」とする点は誤りであ
る。

4）適切である。本選択肢の場合については、「法第27条第5項各号に掲げる
場合（注：委託、事業承継または共同利用の場合）において、個人データ
である要配慮個人情報の提供を受けるとき」に該当し（個人情報保護法20
条2項8号、同法施行令9条2号、委員会ガイドライン（通則編）3－3
－2(9)）、あらかじめ本人の同意を得ないで、要配慮個人情報を取得する
ことができる。

正解　3）

5－2　要配慮個人情報と機微（センシティブ）情報の取扱い②

《問》X生命保険会社（以下、「X社」という）の機微（センシティブ）
情報の取得、利用または第三者提供に関する次の記述のうち、最も
不適切なものはどれか。
1）X社は、法令に基づく場合、あらかじめ本人の同意を得ることな
く、機微（センシティブ）情報を取得、利用または第三者提供する
ことができる。
2）X社は、機微（センシティブ）情報を取得、利用または第三者提供
する場合、金融分野ガイドラインに掲げる事由を逸脱した取得、利
用または第三者提供を行うことのないよう、特に慎重に取り扱う必
要がある。
3）X社は、相続手続による権利義務の移転等の遂行に必要がある場
合、その必要な限りにおいて、機微（センシティブ）情報を取得、
利用または第三者提供することができるが、当該情報を第三者提供
する場合はあらかじめ本人の同意を取得するなど、個人情報保護法
の規定に従い、適切に対応する必要がある。
4）X社は、要配慮個人情報に該当する機微（センシティブ）情報につ
いて、あらかじめ本人に通知し、または本人が容易に知り得る状態
に置いている場合、オプトアウトの手続により第三者に提供するこ
とができる。

・解説と解答・

　機微（センシティブ）情報については、金融分野ガイドラインで定める以下
の所定の場合を除くほか、取得、利用または第三者提供を行わないこととする
とされている（同ガイドライン5条1項）。

①　法令等に基づく場合
②　人の生命、身体または財産の保護のために必要がある場合
③　公衆衛生の向上または児童の健全な育成の推進のため特に必要がある
　場合
④　国の機関もしくは地方公共団体またはその委託を受けた者が法令の定め
　る事務を遂行することに対して協力する必要がある場合

⑤　法20条2項6号に掲げる場合に機微（センシティブ）情報を取得する場合、法18条3項6号に掲げる場合に機微（センシティブ）情報を利用する場合、または法27条1項7号に掲げる場合に機微（センシティブ）情報を第三者提供する場合

⑥　源泉徴収事務等の遂行上必要な範囲において、政治・宗教等の団体もしくは労働組合への所属もしくは加盟に関する従業員等の機微（センシティブ）情報を取得、利用または第三者提供する場合

⑦　相続手続による権利義務の移転等の遂行に必要な限りにおいて、機微（センシティブ）情報を取得、利用または第三者提供する場合

⑧　保険業その他金融分野の事業の適切な業務運営を確保する必要性から、本人の同意に基づき業務遂行上必要な範囲で機微（センシティブ）情報を取得、利用または第三者提供する場合

⑨　機微（センシティブ）情報に該当する生体認証情報を本人の同意に基づき、本人確認に用いる場合

1）　適切である（金融分野ガイドライン5条1項1号）。

2）　適切である。「機微（センシティブ）情報を、前項に掲げる場合に取得、利用又は第三者提供する場合には、同項に掲げる事由を逸脱した取得、利用又は第三者提供を行うことのないよう、特に慎重に取り扱うこととする」とされている（金融分野ガイドライン5条2項）。

3）　適切である。機微（センシティブ）情報を取得、利用または第三者提供することができる場合として、「相続手続による権利義務の移転等の遂行に必要な限りにおいて、機微（センシティブ）情報を取得、利用又は第三者提供する場合」が挙げられている（金融分野ガイドライン5条1項7号）。

4）　不適切である。要配慮個人情報に該当する個人データは、オプトアウトを用いることができないとされており（個人情報保護法27条2項）、また、機微（センシティブ）情報を第三者へ提供するにあたってはオプトアウトの規定を適用しないこととされている（金融分野ガイドライン5条4項）。

　　なお、オプトアウトにより提供を受けた個人データをオプトアウトにより再提供することはできない。また、不正取得された個人データについても、オプトアウトにより第三者に提供することはできない。

正解　4）

5 － 3　生命保険業務における機微（センシティブ）情報の取扱い

> 《問》X生命保険会社（以下、「X社」という）の機微（センシティブ）情報の取得、利用または第三者提供に関する次の記述のうち、最も不適切なものはどれか。
> 1）X社は、被保険者Aから入院給付金の請求を受けた際、Aの同意を得て、Aの入院の原因となった疾病その他の医療情報を、支払査定における調査のため、第三者である医療機関に伝えることができる。
> 2）X社は、被保険者Bの手術給付金請求の原因となったBの疾病の情報を、Bの同意がなくても、保険契約者Cに伝えることができる。
> 3）X社は、被保険者Dから入院給付金の請求を受けた際、Dの入院の原因となった疾病その他の医療情報を、支払査定における調査のため、Dの同意なく、X社が委託した調査会社に伝えることができる。
> 4）X社は、同社の生命保険に加入している被保険者の健康情報を、オプトアウトの方法により、同社の関連会社に提供することはできない。

● 解説と解答 ●

1）適切である。Aの入院の原因となった疾病その他の医療情報を、Aが入院した医療機関に対して、Aが入院給付金を請求した事実とともに伝えることも第三者提供に該当しうる。Aの入院の原因となった疾病の情報は機微（センシティブ）情報だが、生命保険会社は、「保険業その他金融分野の事業の適切な業務運営を確保する必要性から、本人の同意に基づき業務遂行上必要な範囲で機微（センシティブ）情報を取得、利用又は第三者提供する」ことができる（金融分野ガイドライン5条1項8号）。選択肢の場合、保険金・給付金等の支払という保険業の適切な業務運営を確保するという目的があり、支払査定の調査のために第三者の医療機関に医療情報を提供することは、業務上必要な範囲ということができる。

2）不適切である。手術給付金請求の原因となったBの疾病の情報は機微（センシティブ）情報であり、本人の同意なく、第三者提供をすることはできない（金融分野ガイドライン5条1項8号）。これは、提供先が保険契約

の当事者であっても同様である。

3）適切である。支払査定という生命保険業務に必要な業務の委託における委
託先への提供は、第三者提供に該当しないため（個人情報保護法27条5項
1号）、機微（センシティブ）情報であっても、Dの同意なく第三者に提
供することができる。

4）適切である。金融分野における個人情報取扱事業者は、機微（センシティ
ブ）情報を第三者へ提供するにあたっては、個人情報保護法27条2項のオ
プトアウトの規定を適用しないこととする（金融分野ガイドライン5条4
項）。

正解　2）

5－4　嘱託医・医療機関と機微（センシティブ）情報の取扱い

《問》X生命保険会社（以下、「X社」という）は、被保険者になろうとする者にX社の指定する嘱託医師（個人情報の取扱いの委託先）の診査を受けることを求め、その際に取得した健康状態の告知や診査結果をもとに、生命保険契約の引受審査を行っている。

　　また、X社は、生命保険契約に基づく保険金の請求を受けた場合、被保険者の同意を得て、医療機関から治療歴や診断結果に関する情報の提供を受け、その情報も参考にして保険金の支払審査を行っている。

　　なお、X社は、自社のホームページや保険契約の申込書等において、下記のとおり個人情報の利用目的を公表・明示している。

① 各種保険契約の引受、継続・維持管理、保険金・給付金等の支払
② 関連会社・提携会社を含む各種商品・サービスの案内・提供、契約の維持管理
③ 当社業務に関する情報提供・運営管理、商品・サービスの充実
④ その他保険に関連・付随する業務

　　この場合におけるX社と医療機関等との個人情報の取扱いに関する次の記述のうち、最も適切なものはどれか。

1）X社の引受審査において、被保険者になろうとする者に関する当該被保険者の個人データをX社が指定する嘱託医師に提供する場合は、あらかじめ被保険者になろうとする者の同意が必要である。

2）X社の引受審査において、X社が取得した被保険者になろうとする者に関する健康状態の告知や診査結果は、申込みを受けた生命保険契約の引受審査以外に利用することはできない。

3）X社の引受審査において、X社の指定する嘱託医師が、被保険者になろうとする者に関する健康状態の告知や診査結果を漏えいした場合には、X社が監督責任を問われることがある。

4）X社の支払審査において、医療機関から取得した被保険者の治療歴や診断結果に関する情報は、保険金の請求を受けた生命保険契約の支払審査以外に利用することはできない。

・解説と解答・

1）不適切である。Ｘ社の引受審査にあたり、Ｘ社の指定する嘱託医師は、委託に伴って個人データの提供を受けるものであるから、当該医療機関へＸ社が被保険者になろうとする者の個人情報を提供する場合、あらかじめ当該被保険者からの同意を取得する必要はない（個人情報保護法27条5項1号）。

2）不適切である。機微（センシティブ）情報に該当するため、金融分野ガイドライン5条により利用目的は制限されるが、例えば、他の生命保険契約の引受審査や保険金の支払審査に利用することまで制限されるわけではない。

3）適切である。Ｘ社の引受審査にあたり、Ｘ社の指定する嘱託医師は、Ｘ社にとっての個人情報の取扱いの委託先であることを前提としているため、当該嘱託医師等がＸ社の被保険者となろうとする者の個人情報を漏えいした場合は、Ｘ社が委託先に対する監督責任（個人情報保護法25条）を問われることがある。

4）不適切である。2の解説参照。

正解　3）

5−5　保険募集業務と個人情報等の取扱い

《問》個人Aは、知人であるＸ生命保険会社（以下、「Ｘ社」という）の営業職員Yを通じてＸ社の保険契約の申込みを検討している。

　　Ｘ社は、自社のホームページや保険契約の申込書等において、個人情報の利用目的として次の事項を常時掲載して公表している。

① 各種保険契約の引受、継続・維持管理、保険金・給付金等の支払
② 関連会社・提携会社を含む各種商品・サービスの案内・提供、契約の維持管理
③ 当社業務に関する情報提供・運営管理、商品・サービスの充実
④ その他保険に関連・付随する業務

　　この場合におけるＸ社またはYの行う保険募集と個人情報の取扱い等に関する次の記述のうち、最も不適切なものはどれか。

1）Ｘ社が、資料請求ハガキに当該ハガキにより提供を受ける個人情報の利用目的として「保険募集」とのみ明示して、不特定多数の者にその資料請求ハガキを配布し、返信があった見込客に対して保険募集を行うことは、個人情報保護に係る法令等に抵触しない。

2）Yは、Aに対する保険募集を行うなかで、Aから家族の話を聞いたことがあるが、Aの家族に関する情報は、Aの個人情報のみならず、当該家族の個人情報に当たる場合がある。

3）Yは、Ｘ社の個人情報の利用目的が公表されていても、Aから口頭で個人情報を取得する場合は、Aに対してあらかじめ利用目的を明示しなければならない。

4）Ｘ社の定める個人情報の利用目的には「保険募集」という用語は記載されていないが、保険募集は「関連会社・提携会社を含む各種商品・サービスの案内・提供」に含まれると考えることができることから、Ｘ社やYは、Aから取得する個人情報を保険募集の目的に利用することができる。

152

・解説と解答・

1）適切である。資料請求ハガキが、保険募集活動のみを目的として個人情報を取得する書面である場合、当該ハガキにX社のすべての利用目的を明示する必要はなく、選択肢の募集行為自体は個人情報保護に係る法令等に抵触するものではない。なお、その後に申込書等により新たな個人情報を取得するにあたっては、X社にとってのすべての利用目的をあらかじめ明示するという対応をとることなどが考えられる。

2）適切である。

3）不適切である。口頭による取得の場合は、公表等の措置がとられていれば、利用目的を明示しなくても法令等違反とはならない（個人情報保護法21条1項、2項、4項）。なお、口頭により個人情報を取得する場合は、同法21条2項の義務を課すものではないが、その場合は、同法21条1項に基づいて、あらかじめ利用目的を公表するか、取得後速やかに、利用目的を本人に通知するか、または公表しなければならない（委員会ガイドライン（通則編）3-3-4）とされていることから、口頭による取得の際に、利用目的を明示したカードを提示するなどの対応をとることには、顧客に安心感を与えるといった実務的な意義はある。

4）適切である。

正解　3）

5－6　保険引受業務と個人情報等の取扱い

《問》個人Aは、知人であるX生命保険会社（以下、「X社」という）の営業職員Yを通じてX社の保険契約の申込みをすることとしたが、Aには告知事項に該当する入院・手術歴があった。

　この場合におけるX社の保険引受業務やYの対応等に関する次の記述のうち、最も不適切なものはどれか。

1) X社が、保険引受にあたり、Aが入院・手術をした医療機関からAの医療情報を取得するためには、原則として、当該医療機関からの第三者提供を受けることを可能とする同意をAから取得しておく必要がある。

2) X社は、保険引受の判断の参考とするために、Aの同意を取得したうえで、契約内容登録制度・契約内容照会制度を通じて、他社の契約内容を照会した。

3) X社は、Aの入院・手術歴を理由として保険引受をしないこととした。Yは、その旨をAに伝えようとしたが、Aが不在であったため、Aの同意を得ることなく、Aの配偶者に対し、Aの申し込んだ保険契約が過去の入院・手術歴を理由に引き受けられなかったことを伝えた。

4) Aは、X社の保険契約の申込みにあたり、告知事項に該当しない旨の虚偽の告知を行った。Yは、Aの入院・手術歴について過去にAから聞かされて知っていたことから、Aに告知を促したが、Aはこれを拒否し、保険契約の申込みを行った。そこで、Yは、不良契約の混入防止のため、やむを得ずAの同意を得ることなく取扱報告書においてその事実をX社に報告し、X社はこの取扱報告書も保険引受の判断の参考とした。

・解説と解答・

1) 適切である。Aが入院・手術をした第三者である医療機関から、Aの個人データである医療情報を取得することは、当該医療機関にとっては個人データの第三者提供に該当することから、本人の同意が必要である（個人情報保護法27条1項）。また、X社としても、本人の同意を得ていない個人データの第三者提供による取得となることがないように、Aからあらか

じめ同意を得ておくことが必要である。

2）適切である。契約内容登録制度・契約内容照会制度による個人情報の提供については、特定の者との共同利用（個人情報保護法27条5項3号）としても整理されているが、より慎重な取扱いとして、保険契約の申込時に本人の同意を取得することが望ましい。

3）不適切である。配偶者であっても第三者であるため、Aの同意なくAの機微（センシティブ）情報である入院・手術歴に関する情報等を配偶者に対して提供することはできない。また、本選択肢のケースでは、本人の同意なく第三者提供を行いうる例外にも該当しない（個人情報保護法27条1項、金融分野ガイドライン5条1項、金融分野Q＆A問Ⅵ－2）。

4）適切である。X社がYから取得したAの入院・手術歴に関する情報は機微（センシティブ）情報であり、AはX社がこの情報を取得・利用することに同意していないものと考えられる。しかし、不良契約の混入防止のためA本人以外の者から個人情報等を取得することは、「人の生命、身体又は財産の保護のために必要がある場合」（金融分野ガイドライン5条1項2号）に該当し、X社がその情報を保険引受のために取得・利用することは可能と考えられる。

正解　3）

5－7　保険金等支払業務と個人情報等の取扱い

《問》個人Ａは、Ｘ生命保険会社（以下、「Ｘ社」という）の営業職員Ｙを通じてＸ社の保険契約を既に締結している顧客である。Ａは、このほど、Ｘ社に対して給付金請求を行った。

　　この場合におけるＸ社の保険金等支払業務に関する次の記述のうち、最も適切なものはどれか。

1）Ａ個人に関する情報が報道記事や裁判事例に掲載されていた場合、当該情報は一般に公開されている情報であり、個人情報には該当しないので、Ｘ社は、当該情報を利用目的による制約を受けずに利用することができる。

2）Ｘ社がＡに係る保険金等支払業務に関して、支払査定時照会制度を利用する場合、保険契約申込時に当該制度の利用に対しＡの同意を得ていたとしても、Ｘ社は、当該制度を利用するにあたって、その都度、改めてＡの同意を得る必要がある。

3）Ｘ社がＡに係る保険金等支払業務に関して、個人データの取扱いの委託先である調査会社に委託して調査を行う場合、Ｘ社は、Ａの個人データを調査会社に提供することについて、Ａの同意を得る必要はない。

4）Ｘ社がＡの給付金請求に不審な点を認めたことから所要の調査を行ったところ、Ａが暴力団等の反社会的勢力であることが判明した場合であっても、Ｘ社は、Ａの同意を得ずに、他の生命保険会社との間でＡの反社会的勢力該当性等に関する情報を交換することができない。

・解説と解答・

1）不適切である。公刊物等によって公にされている個人に関する情報であっても、個人情報の要件に該当するものは個人情報に当たるため（委員会ガイドライン（通則編）2－1）、個人情報に該当するものについては利用目的による制限等に服することとなる。

2）不適切である。保険契約申込時に支払査定時照会制度の利用に関してＡの同意を得ている場合、Ｘ社は、当該制度を利用するにあたって、その都度、改めてＡの同意を得る必要はない。なお、当該制度による個人情報の

利用は特定の者との共同利用（個人情報保護法27条5項3号）として整理されているが、より慎重な取扱いとして、新たな保険契約の申込みを受けたときに、契約者および被保険者から当該制度の利用についての同意を取得しておくことが望ましい。

3）適切である。X社にとって、調査会社は個人データの取扱いの委託先であり、第三者に該当しないため（個人情報保護法27条5項1号）、Aの同意を得る必要はない。

4）不適切である。X社が他の生命保険会社と反社会的勢力に係るAの情報を共有することは、人（法人を含む）の生命、身体または財産といった具体的な権利利益の保護が必要な場合であって、本人の同意を得ることが困難であるとき（個人情報保護法27条1項2号、委員会ガイドライン（通則編）3－6－1）に該当し、Aの同意を得る必要はない。

<u>正解　3）</u>

5－8　代理店業務と個人情報等の取扱い①

《問》Ｘ生命保険会社（以下、「Ｘ社」という）は、Ａ代理店と業務委託契約を締結している。Ｘ社は、ホームページ上に個人情報の利用目的を常時掲載しており、また、各保険契約の申込書にも個人情報の利用目的を明示している。その内容は、次のとおりである。

① 各種保険契約の引受、継続・維持管理、保険金・給付金等の支払
② 関連会社・提携会社を含む各種商品・サービスの案内・提供、契約の維持・管理
③ 当社業務に関する情報提供・運営管理、商品・サービスの充実
④ その他保険に関連・付随する業務

　　Ａ代理店は、Ｘ社の代理店業務のほか、固有業務として介護事業および介護器具・介護用品の販売を行っている会社である。Ａ代理店のホームページには、個人情報の利用目的として、次の事項が常時掲載されており、介護事業および介護器具・介護用品販売の申込書・契約書においても、同一の利用目的を明示している。

• 当社が委託を受けた生命保険会社の各種商品・サービスの案内・提供、契約の維持管理
• 介護事業・サービスの案内・提供および契約の維持・管理、ならびに介護器具・介護用品の案内・販売、商品開発

　　Ａ代理店は、氏名・住所・電話番号が掲載された一般に市販されている電話帳を購入し、Ｘ社代理店業務の担当地域の居住者に対しＸ社の医療保険の案内を送ったところ、個人Ｂから当該保険の申込みがあり、Ｘ社とＢとの間で保険契約が締結された。Ｘ社は、Ｂの医療保険契約の成立後、当該保険契約に係る情報をＡ代理店に提供した。

　　この場合におけるＡ代理店の個人情報の取扱いに関する次の記述のうち、最も不適切なものはどれか。なお、Ａ代理店は、金融分野ガイドラインが適用される個人情報取扱事業者である。

1）Ａ代理店が、一般に市販されている電話帳に掲載された情報を利用して、Ｂに対してＸ社の医療保険商品の案内を行ったことは、個人

情報保護法に抵触しない。

2) A代理店は、X社から提供を受けたBの医療保険契約に係る情報を利用して、Bに対してX社の他の保険商品の案内を行うことができる。

3) A代理店が、Bからの申込みを受ける過程において、A代理店の個人情報の利用目的をBに対して明示しなかった場合、X社の個人情報の利用目的を申込書に明示していても、この保険募集は個人情報保護法に抵触する。

4) A代理店が、電話で介護事業に関する資料請求があった個人Cに対して当該資料を送付する際に、Cからあらかじめ同意を得ることなく、X社作成の生命保険商品のパンフレット（取扱代理店としてA代理店名を記入したもの）を同封して案内を行うことができる。

・解説と解答・

1) 適切である。A代理店は、市販の電話帳により個人情報を取得する以前から利用目的を公表しており、市販の電話帳に掲載されたBの個人情報（氏名・住所・電話番号）のみを利用して、Bに対してX社の保険商品の案内を行うことは、個人情報保護法に抵触しない（同法21条1項）。

2) 適切である。X社とA代理店は委託関係にあり、X社は、X社の利用目的の達成に必要な範囲内で、Bの医療保険契約に係る情報をA代理店に利用させることができる（個人情報保護法18条1項、27条5項1号）。A代理店は、X社の利用目的の達成に必要な範囲内でX社から提供を受けたBの医療保険契約に係る情報を利用できるので、A代理店はBに対してX社の他の保険商品の案内を行うことができる。

3) 不適切である。代理店業務として取り扱うBの個人情報はX社の個人情報であり、X社の個人情報の利用目的は申込書に明示されているため、A代理店の利用目的を明示せずに申込みを受けたとしても、個人情報保護法には抵触しない（同法21条2項参照）。

4) 適切である。Cの個人情報は、A代理店が直接取得した代理店固有の個人情報に当たり、A代理店の公表している利用目的の範囲内での利用であるため、Cからあらかじめ同意を得ることなく、X社作成のパンフレットにより生命保険商品の案内を行うことができる（個人情報保護法18条1項、21条1項）。

<u>正解　3）</u>

5－9　代理店業務と個人情報等の取扱い②

《問》X生命保険会社（以下、「X社」という）の代理店であるA代理店は、X社の代理店業務のほか、Y生命保険会社（以下、「Y社」という）の代理店業務も行っている。また、A代理店固有の業務として健康食品の販売業務を行っている。
　　A代理店が従来からホームページ上に常時掲載している個人情報の利用目的は、次のとおりである。

- 当社が委託を受けた生命保険会社の各種商品・サービスの案内・提供、契約の維持管理
- 健康食品の案内・販売、研究開発

　　この場合におけるA代理店の個人情報・個人データの取扱いに関する次の記述のうち、最も不適切なものはどれか。
　　なお、Y社、A代理店とも、金融分野ガイドラインが適用される個人情報取扱事業者である。また、A代理店がX社およびY社と締結している代理店契約による制約は考慮しないものとする。

1）A代理店は、電話で健康食品の資料請求があった顧客Bに対して当該資料を送付する際に、Bからあらかじめ同意を得ることなく、X社作成の生命保険商品のパンフレット（取扱代理店としてA代理店名を記入したもの）を同封して送付した。

2）A代理店は、健康食品の販売顧客リストに登録してあり、A代理店の個人情報の利用目的を明示している顧客Cに対して、Cからあらかじめ同意を得ることなく、X社作成の生命保険商品のパンフレット（取扱代理店としてA代理店名を記入したもの）を送付した。

3）A代理店は、かつてA代理店を通じてX社の生命保険を契約した顧客Dの保険契約に係る情報を代理店固有の情報として利用するため、Dからあらかじめ同意を得て、Dに対して健康食品の案内を送付した。

4）A代理店は、かつてA代理店を通じてX社の生命保険を契約した顧客Eが、Y社の保険商品を申し込んできた際に、Eからあらかじめ同意を得ることなく、Y社への報告書に、EとX社との保険契約の内容を記載して提出した。

・解説と解答 ・

1）適切である。顧客Bの個人情報は、A代理店が直接取得した代理店固有の
　　個人情報に当たり、A代理店が明示した利用目的の範囲内での利用である
　　ため、Bの事前同意は不要である。

2）適切である。顧客Cの個人情報は、A代理店が直接取得した代理店固有の
　　個人情報に当たり、A代理店が明示した利用目的の範囲内での利用である
　　ため、Cの事前同意は不要である。

3）適切である。顧客Dの個人情報は、X社の個人情報であり、X社の利用目
　　的の範囲を超えて、A代理店固有の業務にDの個人情報を利用することは
　　できないため、Dの個人情報を代理店固有の情報として取得、利用するに
　　あたり、Dの事前同意が必要である。

4）不適切である。顧客EのY社保険商品の申込みに際し、Eの事前同意を得
　　ることなく、X社の保険契約の内容をY社に提出する報告書に記載するこ
　　とは、第三者提供の制限に抵触するため、Eの事前同意が必要である。

<u>**正解　4）**</u>

5－10　銀行代理店と個人情報等の取扱い

《問》X銀行は、複数の生命保険会社から、生命保険販売の代理店業務を
受託している。この場合におけるX銀行による非公開情報の保護に
関する次の記述のうち、最も適切なものはどれか。なお、X銀行は
金融分野ガイドラインが適用される個人情報取扱事業者である。

1）X銀行の保有する非公開金融情報の例としては、顧客の預金、為替
取引または資金の借入れに関する情報が挙げられる。

2）銀行等代理店には保険業法施行規則において、非公開情報の保護に
関する特別な規制が設けられているため、個人情報保護法は適用さ
れない。

3）非公開情報の保護に関する措置は、保険募集に係る業務以外の業務
により知り得た顧客に関する非公開金融情報を保険募集に係る業務
に利用する場合のみを規制するものである。

4）X銀行は、保有する非公開金融情報を保険募集に係る業務に利用す
るためには、顧客の同意を得る必要があるが、その同意は必ずしも
事前に取得する必要はない。

・解説と解答・

1）適切である（保険業法施行規則53条の6、212条2項1号イ）。

2）不適切である。銀行等代理店には、個人情報保護法に重ねて、非公開情報
保護措置の規制が及ぶ。

3）不適切である。保険業法施行規則では、非公開金融情報保護措置のほか、
保険募集に係る業務により知り得た顧客に関する非公開保険情報を保険募
集に係る業務以外の業務に利用する場合に関する非公開保険情報保護措置
も定めている（同法施行規則212条2項1号ロ）。

4）不適切である。非公開金融情報を保険募集に係る業務に利用するためには
事前に当該顧客の書面その他の適切な方法による同意を取得する必要があ
る（保険業法施行規則212条2項1号イ）。

<u>正解　1）</u>

162

5-11 代理店業務委託先の選定・監督等

《問》X生命保険会社（以下、「X社」という）がA代理店に代理店業務を委託する場合の委託先の選定や監督等のあり方に関する次の記述のうち、最も不適切なものはどれか。なお、A代理店は金融分野ガイドラインが適用される個人情報取扱事業者である。

1) X社は、代理店業務の委託先の選定について、委託先における個人データの安全管理に係る実施体制の整備および個人データの安全管理に係る基本方針・取扱規程の整備など、金融分野実務指針に従った委託先選定の基準を定めており、当該選定基準に基づき、A代理店を委託先として選定した。

2) X社は、A代理店からX社代理店業務の一環として保険商品案内を発送する業務について、別の事務サービス会社に委託したいとの打診を受けたが、再委託は個人情報保護法において禁止されていることを理由として、それを拒絶した。

3) X社は、A代理店との代理店業務委託契約の締結にあたって、A代理店の安全管理措置の体制は十分信頼できるものであったが、委託先における個人データの漏えい等の防止および目的外利用の禁止、漏えい等事案が発生した場合の委託先の責任についても、委託契約の内容として定めた。

4) X社は、委託先選定基準に定める事項のA代理店における遵守状況について定期的に確認していたが、A代理店の個人データの安全管理に係る実施体制の整備状況に疑義が生じたため、定例の確認時期ではなかったが、その確認を実施した。

● 解説と解答 ●

1) 適切である。個人データの安全管理のため、委託先における組織体制の整備および安全管理に係る基本方針・取扱規程等の整備等の内容を委託先選定の基準に定める必要がある（個人情報保護法25条、金融分野ガイドライン10条3項1号）。なお、金融分野実務指針では、委託先選定の基準として、「実績等に基づく委託先の個人データ安全管理上の信用度」「委託先の経営の健全性」等が挙げられている（同指針6-1）。

2) 不適切である。個人情報保護法では、再委託を禁止しているわけではな

い。委託先が再委託を行う際には、委託先の事業者が再委託先等の事業者に対して十分な監督を行っているかについて監督等を行う必要がある（金融分野ガイドライン10条3項）。

3）適切である。金融分野における個人情報取扱事業者は、委託契約における安全管理に係る内容として、①委託者の監督・監査・報告徴収に関する権限、②委託先における個人データの漏えい等の防止および目的外利用の禁止、③再委託に関する条件、④漏えい等事案が発生した場合の委託先の責任の4項目を定める必要がある（個人情報保護法25条、金融分野ガイドライン10条3項2号、金融分野実務指針6－3）。

4）適切である。金融分野における個人情報取扱事業者は、委託先における遵守状況を定期的または随時に確認するとともに、委託先が選定基準を満たしていない場合や契約内容が遵守されていない場合は、その是正のために委託先を監督しなければならない（個人情報保護法25条、金融分野ガイドライン10条3項2号、金融分野実務指針6－2、6－4）。

正解　2）

5－12　アンケートによる個人情報等の取得とその利用

《問》X生命保険会社（以下、「X社」という）は、X社名で作成された
アンケートの結果を保険募集に活用することとした。このアンケー
ト用紙には、顧客がアンケート用紙に記入した個人情報の利用目的
として、保険募集（統計情報の作成を含む）のみに利用する旨が明
示されている。X社における当該アンケート調査により取得した個
人情報・個人データの利用等に関する次の記述のうち、最も不適切
なものはどれか。

1）アンケート調査により取得した個人情報・個人データを、アンケー
ト記入者の同意を得ずに、X社が保険募集のための営業資料作成に
利用して営業職員に還元することは、個人情報保護法に抵触しな
い。

2）アンケート調査により取得した個人情報・個人データを、アンケー
ト記入者の同意を得ずに、X社が、保険会社ではない提携会社の商
品案内に利用することは、個人情報保護法に抵触しない。

3）アンケート調査により取得した個人情報・個人データをもとに、顧
客の居住地域と年代・性別のみを表示した特定の個人を識別できな
い統計情報を作成し、アンケート記入者の同意を得ずに、保険募集
以外の目的でX社が利用することは、個人情報保護法に抵触しな
い。

4）アンケート調査により取得した個人情報・個人データを、アンケー
ト記入者の同意を得ずに、X社が保険募集に必要な範囲においてア
ンケート調査の集計業務委託先に提供することは、個人情報保護法
に抵触しない。

・解説と解答・

1）適切である（個人情報保護法18条、金融分野ガイドライン4条参照）。利
用目的として特定した保険募集に必要な範囲内の利用であり、同法に抵触
しない。

2）不適切である（個人情報保護法18条1項）。アンケート用紙には、保険募
集のみに利用することが利用目的として明示されており、保険会社ではな
い提携会社の商品案内に利用することは、利用目的の達成に必要な範囲を

超えた利用として、同法に抵触する。

3）適切である。統計情報（複数人の情報から共通要素に係る項目を抽出して同じ分類ごとに集計して得られる情報）は、特定の個人との対応関係が排斥されている限りにおいては、「個人に関する情報」に該当せず、個人情報・個人データに該当しない（委員会Ｑ＆Ａ1－17）。また、アンケート用紙には、「統計情報の作成」に利用することが利用目的として明示されており、利用目的の範囲内である。

4）適切である。利用目的の達成に必要な範囲内において個人データの取扱いの全部または一部を委託する場合、業務委託先は第三者には該当しない（個人情報保護法27条5項1号、委員会ガイドライン（通則編）3－6－3）。

正解　2）

5-13 団体保険における個人情報等の取扱い

《問》X生命保険会社（以下、「X社」という）は、Y建設株式会社（以下、「Y社」という）との間で、従業員が全員加入する形態の総合福祉団体定期保険契約（Z生命保険会社（以下、「Z社」という）との共同取扱い、X社が幹事会社）を締結している。この場合におけるX社の個人情報の取扱い等に関する次の記述のうち、最も不適切なものはどれか。なお、Z社は、金融分野ガイドラインが適用される個人情報取扱事業者である。

1）X社がY社から従業員の個人データの第三者提供を受けた場合、従業員本人から直接個人データを取得しなくても、X社は個人情報保護法上の義務を負う。

2）Y社の総合福祉団体定期保険契約の締結は従業員の福利厚生を目的とするため、Y社が加入対象者の個人データをX社に提供する場合、加入対象者本人の同意を得る必要はない。

3）Y社からX社に提出された総合福祉団体定期保険の加入申込書に記載された加入対象者に関する情報を、Y社が加入対象者本人の同意を得ることなく取得してX社に提供している場合、X社は不正の手段で個人情報を取得したとみなされる可能性がある。

4）幹事会社をX社からZ社に変更したことにより、X社がZ社に対して、被保険者である従業員の個人データを渡す際は、従業員から「個人データの提供先の第三者」「提供先の第三者における利用目的」「第三者に提供される個人データの項目」を認識したうえでの書面による同意を得るべきである。

・解説と解答・

1）適切である。第三者提供によってY社からX社が受領した個人データは、従業員本人から直接取得したわけではないが、X社は個人情報取扱事業者として個人データを取得したこととなり、利用目的の特定、適正な取得等の個人情報保護法上の義務を負う。

2）不適切である。Y社からX社への加入申込者の個人データの提供は第三者提供にあたることから、原則として、本人の同意を得る必要がある（個人情報保護法27条1項）。

3）適切である。個人情報取扱事業者は、偽りその他不正の手段により個人情報を取得してはならない（個人情報保護法20条1項）とされ、不正の手段で個人情報が取得されたことを知り、または容易に知ることができるにもかかわらず、当該個人情報を取得した場合は、不正の手段によって個人情報を取得したとされる可能性がある（委員会ガイドライン（通則編）3-3-1事例6））。したがって、本選択肢の場合も、X社がY社において従業員の同意なく生年月日等の個人情報を取得していたことを知っていた、または容易に知り得る場合は、X社も不正の手段で個人情報を取得したとみなされる可能性がある。

4）適切である。被保険者である従業員の個人データを共同取扱いの他の生命保険会社に渡すことは、第三者提供に該当する。したがって、「個人データの提供先の第三者」「提供先の第三者における利用目的」「第三者に提供される個人データの項目」を従業員が認識できるようにしたうえで（金融分野ガイドライン12条1項）、原則として、書面による同意を取得することとされている（同ガイドライン3条）。この同意は、個人データを提供する際でなくとも、保険申込時にあらかじめ取得していれば足りる。

正解　2）

5−14　漏えい事案への対応策

《問》個人データの漏えい事案（個人情報保護法施行規則7条各号に定める事態には該当しない）が発生した場合におけるX生命保険会社（以下、「X社」という）の対応に関する次の記述のうち、最も不適切なものはどれか。

1）X社は、個人データの漏えいが発生した場合、監督当局に報告するとともに、当該事案の対象となった本人に事実関係等を通知し、さらに当該事態の内容等に応じて、事実関係の調査および原因の究明等、必要な措置を講じなければならない。

2）X社は個人データの漏えいが発生したが、漏えいした個人データについて、高度な暗号化等の秘匿化措置が講じられている場合、本人の権利利益が侵害されておらず、今後も権利利益の侵害の可能性がない場合には、本人への通知を要しない。

3）X社は、顧客の同意を得て第三者に提供した個人データが、提供先企業から漏えいした事実を知っても、監督当局に報告する義務はない。

4）インターネット上の掲示版等に漏えいした個人データがアップロードされており、個人情報取扱事業者において当該掲示板等の管理者に削除を求める等、必要な初動対応が完了しておらず、事実関係等を公表することで、かえって被害が拡大することが想定される場合においても、当該時点（必要な初動対応が完了していない時点）において公表を行わなければならない。

・解説と解答・

1）適切である（金融分野ガイドライン11条1項、3〜4項参照）。

2）適切である（金融分野Q＆A問Ⅴ−13）。ただし、金融分野ガイドライン11条3項後段は、金融機関が取り扱う情報の性質やその取扱方法の特殊性等に鑑み、「金融分野における個人情報取扱事業者は、次に掲げる事態（（個人情報保護法）施行規則第7条各号に定める事態を除く。）を知ったときも、これに準じて、本人への通知等を行うこととする。」との努力義務規定を定めている。金融機関が取り扱う情報の性質等に鑑みれば、基本的にはすべての漏えい等事案について本人への通知等を行うことが望まし

いと考えられる。

3）適切である（金融分野Q＆A問Ⅴ−10）。金融機関が本人同意を得て「個人データ」を第三者に提供した後、提供先の第三者において当該「個人データ」が漏えい等したとしても、提供元の金融機関は漏えい等報告の義務を負わない。他方、金融機関が個人データの取扱いの委託（個人情報保護法27条5項1号）に伴って「個人データ」を委託先に提供した後、委託先において当該「個人データ」が漏えい等した場合には、原則として、委託元と委託先の双方が漏えい等報告の義務を負う。

4）不適切である（金融分野Q＆A問Ⅴ−14）。インターネット上の掲示版等に漏えいした個人データがアップロードされており、個人情報取扱事業者において当該掲示板等の管理者に削除を求める等、必要な初動対応が完了しておらず、事実関係等を公表することで、かえって被害が拡大することが想定される場合等においては、当該時点（必要な初動対応が完了していない時点）において公表を行う必要はない。ただし、個人情報取扱事業者は、個人データの漏えい等が発生した場合、漏えい等事案の内容等に応じて、二次被害の防止、類似事案の発生防止等の観点から、事実関係および再発防止策等について、速やかに公表することが望ましいと考えられえる（委員会ガイドライン（通則編）3−5−2）。また、金融分野ガイドライン11条4項は、金融機関が取り扱う情報の性質やその取扱方法の特殊性等に鑑み、その取り扱う個人情報の漏えい等が発生した場合においても、「当該事態の内容等に応じて、二次被害の防止、類似事案の発生回避等の観点から、当該事案等の事実関係及び再発防止策等について、速やかに公表することとする」との努力義務規定を定めている。金融機関が取り扱う情報の性質等に鑑みれば、基本的にはすべての事案について速やかに公表することが望ましい。

<u>正解　4）</u>

5－15　個人データの開示・訂正請求等

《問》X生命保険会社（以下、「X社」という）が、個人顧客Aから、A
本人が識別される保有個人データの開示・訂正請求を受けた場合に
関する次の記述のうち、最も不適切なものはどれか。
1）Aは、開示請求を代理人に委任し、代理人によって開示請求を行う
　 こともできる。
2）Aからの開示請求について、本人または第三者の生命、身体、財産
　 その他の権利利益を害するおそれがある場合、X社は、その全部ま
　 たは一部を開示しないことができる。
3）Aからの開示請求に対してX社が開示を行う場合、X社は、A本人
　 またはAの家族に対してのみ開示することができる。
4）X社は、Aから、保有個人データに誤りがあり、事実ではないとい
　 う理由で当該保有個人データの内容訂正の請求を受けた場合は、利
　 用目的の達成に必要な範囲内において、遅滞なく、事実の確認等の
　 必要な調査を行わなくてはならない。

・解説と解答・

1）適切である（個人情報保護法33条、37条3項、同法施行令12条、13条）。
　 本人は、個人情報取扱事業者に対し、当該本人が識別される保有個人デー
　 タの電磁的記録の提供による方法その他の個人情報保護委員会規則で定め
　 る方法による開示を請求することができる。「規則で定める方法」は、電
　 磁的記録の提供による方法、書面の交付による方法その他当該個人情報取
　 扱事業者の定める方法とする（同法施行規則30条）。なお、電磁的記録の
　 提供による方法については、個人情報取扱事業者がファイル形式や記録媒
　 体などの具体的な方法を定めることができるが、開示請求等で得た保有個
　 人データの利用等における本人の利便性向上の観点から、可読性・検索性
　 のある形式による提供や、技術的に可能な場合には、他の事業者へ移行可
　 能な形式による提供を含め、できる限り本人の要望に沿った形で対応する
　 ことが望ましい（委員会ガイドライン（通則編）3－8－2）。
2）適切である（個人情報保護法33条2項1号、委員会ガイドライン（通則
　 編）3－8－2）。
3）不適切である。開示は、その請求を行った本人に対してのみ行うことがで

きる（個人情報保護法33条 2 項、委員会ガイドライン（通則編） 3 - 8 -
2 は、「本人に対し」と規定しており、例外規定は置かれていない）。な
お、代理人による請求の場合は代理人に対して開示することができるが、
その場合でも直接本人にのみ開示することは妨げられない（金融分野ガイ
ドライン18条 2 項）。

4 ）適切である。生命保険会社等は、本人から、当該本人が識別される保有個
人データに誤りがあり、事実でないという理由によって当該保有個人デー
タの内容の訂正、追加または削除（以下、「訂正等」という）の請求を受
けた場合、利用目的の達成に必要な範囲内において、遅滞なく、事実の確
認等の必要な調査を行い、その結果に基づき、原則として、当該保有個人
データの内容の訂正等を行わなければならない（個人情報保護法34条 2
項）。また、請求に係る保有個人データの内容の全部もしくは一部につい
て訂正等を行った場合または訂正等を行わない旨の決定をした場合は、本
人に対し、遅滞なく、その旨（訂正等を行った場合は、その内容を含む）
を通知しなければならない（同法34条 3 項、金融分野ガイドライン17条、
生命保険業における個人情報保護のための取扱指針 3 - 9 .(5)）。

正解　3 ）

172

5－16　生命保険業務と番号法

> 《問》X生命保険会社（以下、「X社」という）が行う保険業務における番号法上の留意点に関する次の記述のうち、最も不適切なものはどれか。
> 1）X社は、個人番号関係事務を処理するために必要がある場合、個人番号の提供を求めることができる。
> 2）X社は、保険契約者および保険金等受取人の個人番号の提供を受ける際、他人が本人になりすます行為を防ぐ観点から、所定の書類の提示やその写しの提出等による本人確認の措置を講じなければならない。
> 3）X社は、保険契約者および保険金等受取人の個人番号を記載した支払調書等を税務署に提出するための事務の全部または一部について委託することができるが、当該委託先についての監督義務を負うことはない。
> 4）X社は、取得した保険契約者および保険金等受取人の個人番号の漏えい、滅失またはき損の防止その他の個人番号および特定個人情報の適切な管理のために必要な措置を講じなければならない。

・解説と解答・

1）適切である（番号法14条1項）。
2）適切である。個人番号の提供を受ける場合に、本人確認として、①正しい個人番号であることの確認、②提供を行う者が個人番号の正当な保有者であることの確認（代理人の場合は、代理権の証明および代理人の本人確認）を所定の確認書類により行う。（番号法16条、同法施行令12条）。
3）不適切である。生命保険会社は、個人番号を記載した支払調書等を税務署に提出するための事務の全部または一部を委託する場合、自らが果たすべき安全管理措置と同等の措置が委託先において講じられるよう、必要かつ適切な監督を行わなければならない（番号法11条、番号法ガイドライン（金融業務編）2）。
4）適切である（番号法12条）。

正解　3）

2024年度　金融業務能力検定・サステナビリティ検定

等級	試験種目	受験予約開始日	配信開始日（通年実施）	受験手数料（税込）
Ⅳ	金融業務4級 実務コース	受付中	配信中	4,400 円
Ⅲ	金融業務3級 預金コース	受付中	配信中	5,500 円
	金融業務3級 融資コース	受付中	配信中	5,500 円
	金融業務3級 法務コース	受付中	配信中	5,500 円
	金融業務3級 財務コース	受付中	配信中	5,500 円
	金融業務3級 税務コース	受付中	配信中	5,500 円
	金融業務3級 事業性評価コース	受付中	配信中	5,500 円
	金融業務3級 事業承継・M＆Aコース	受付中	配信中	5,500 円
	金融業務3級 リース取引コース	受付中	配信中	5,500 円
	金融業務3級 DX（デジタルトランスフォーメーション）コース	受付中	配信中	5,500 円
	金融業務3級 シニアライフ・相続コース	受付中	配信中	5,500 円
	金融業務3級 個人型DC（iDeCo）コース	受付中	配信中	5,500 円
	金融業務3級 シニア対応銀行実務コース	受付中	配信中	5,500 円
	金融業務3級 顧客本位の業務運営コース	－	上期配信	5,500 円
Ⅱ	金融業務2級 預金コース	受付中	配信中	7,700 円
	金融業務2級 融資コース	受付中	配信中	7,700 円
	金融業務2級 法務コース	受付中	配信中	7,700 円
	金融業務2級 財務コース	受付中	配信中	7,700 円
	金融業務2級 税務コース	受付中	配信中	7,700 円
	金融業務2級 事業再生コース	受付中	配信中	11,000 円
	金融業務2級 事業承継・M＆Aコース	受付中	配信中	7,700 円
	金融業務2級 資産承継コース	受付中	配信中	7,700 円
	金融業務2級 ポートフォリオ・コンサルティングコース	受付中	配信中	7,700 円
	DCプランナー2級	受付中	配信中	7,700 円
Ⅰ	DCプランナー1級（※）　A分野（年金・退職給付制度等）	受付中	配信中	5,500 円
	B分野（確定拠出年金制度）	受付中	配信中	5,500 円
	C分野（老後資産形成マネジメント）	受付中	配信中	5,500 円
－	コンプライアンス・オフィサー・銀行コース	受付中	配信中	5,500 円
	コンプライアンス・オフィサー・生命保険コース	受付中	配信中	5,500 円
	個人情報保護オフィサー・銀行コース	受付中	配信中	5,500 円
	個人情報保護オフィサー・生命保険コース	受付中	配信中	5,500 円
	マイナンバー保護オフィサー	受付中	配信中	5,500 円
	AML／CFTスタンダードコース	受付中	配信中	5,500 円
	SDGs・ESGベーシック	受付中	配信中	4,400 円
	サステナビリティ・オフィサー	受付中	配信中	6,050 円

※ DCプランナー1級は、A分野・B分野・C分野の3つの試験すべてに合格した時点で、DCプランナー1級の合格者となります。

2024年度版
個人情報保護オフィサー・銀行コース・生命保険コース試験問題集

2024年3月13日　第1刷発行

編　者　一般社団法人　金融財政事情研究会
検定センター

発行者　　　　　　　　　　　加藤　一浩

〒160-8519　東京都新宿区南元町19
発 行 所　一般社団法人　金融財政事情研究会
販 売 受 付　TEL 03(3358)2891　FAX 03(3358)0037
URL https://www.kinzai.jp

本書の内容に関するお問合せは、書籍名およびご連絡先を明記のうえ、FAXでお願いいたします。　　　　　　お問合せ先　FAX 03(3359)3343
本書に訂正等がある場合には、下記ウェブサイトに掲載いたします。
https://www.kinzai.jp/seigo/

ISBN978-4-322-14419-2